Relações étnico-
-raciais para
o ensino da
identidade e da
diversidade cultural
brasileira

Relações étnico--raciais para o ensino da identidade e da diversidade cultural brasileira

Mario Sergio Michaliszyn

2ª edição

Rua Clara Vendramin, 58 . Mossunguê
CEP 81200-170 . Curitiba . PR . Brasil
Fone: (41) 2106-4170
www.intersaberes.com
editora@intersaberes.com

Conselho editorial ▪ Alexandre Coutinho Pagliarini ✦ Dr.ª Elena Godoy ✦ Dr. Neri dos Santos ✦ Dr. Ulf Gregor Baranow
Editora-chefe ▪ Lindsay Azambuja
Gerente editorial ▪ Ariadne Nunes Wenger
Assistente editorial ▪ Daniela Viroli Pereira Pinto
Edição de texto ▪ Monique Francis Fagundes Gonçalves
Capa ▪ Sílvio Gabriel Spannenberg (*design*) ✦ Zodar/Shutterstock (imagem)
Capa e projeto gráfico ▪ Sílvio Gabriel Spannenberg (*design*) ✦ kokoshka/Shutterstock (imagens)
Diagramação ▪ Charles Leonardo da Silva

Dados Internacionais de Catalogação na Publicação (CIP)
(Câmara Brasileira do Livro, SP, Brasil)

Michaliszyn, Mario Sergio
  Relações étnico-raciais para o ensino da identidade e da diversidade cultural brasileira / Mario Sergio Michaliszyn. -- 2. ed. -- Curitiba, PR : InterSaberes, 2024.

  Bibliografia.
  ISBN 978-85-227-0882-6

  1. Relações étnicas – Brasil 2. Relações raciais – Brasil 3. Etnocentrismo – Brasil 4. Pluralismo cultural – Brasil 5. Identidade social – Brasil I. Título.

23-177173   CDD-305.800981

Índices para catálogo sistemático:
1. Brasil : Relações raciais : Sociologia   305.800981

Cibele Maria Dias – Bibliotecária – CRB-8/9427

1ª edição, 2014.
2ª edição, 2024.
Foi feito o depósito legal.
Informamos que é de inteira responsabilidade do autor a emissão de conceitos.
Nenhuma parte desta publicação poderá ser reproduzida por qualquer meio ou forma sem a prévia autorização da Editora InterSaberes.
A violação dos direitos autorais é crime estabelecido na Lei n. 9.610/1998 e punido pelo art. 184 do Código Penal.

Sumário

Apresentação ▫ **7**
Organização didático-pegagógica ▫ **8**
Introdução ▫ **10**

1
A diversidade cultural e a construção das diferenças ▫ **13**

Diversidade, alteridade e pluralidade ▫ **16**
As relações sociais e a construção cultural em comunidade ▫ **18**
O povo brasileiro e sua identidade ▫ **27**
Etnocentrismo ▫ **33**

2
O pensamento etnocêntrico na história brasileira: apontamentos para reflexão ▫ **47**

A escravidão ▫ **49**
A abolição da escravatura ▫ **55**
Relações de poder e diversidade cultural ▫ **59**

3
Racismo e preconceito ▫ **73**

Pressupostos ▫ **75**
Diversidade étnica – raça e etnia ▫ **77**
Preconceito e racismo ▫ **84**

4
O relativismo cultural, o respeito à diversidade e a Lei n. 10.639 ▫ 101

A perspectiva multicultural ▫ **103**
A Lei n. 10.639 ▫ **107**
Possibilidades de intervenção ▫ **114**

CONSIDERAÇÕES FINAIS ▫ **126**
LEITURAS COMPLEMENTARES ▫ **128**
BIBLIOGRAFIA COMENTADA ▫ **130**
REFERÊNCIAS ▫ **133**
RESPOSTAS ▫ **141**
SOBRE O AUTOR ▫ **142**

Apresentação

Este livro tem como propósito oferecer subsídios para o acompanhamento e a compreensão dos conteúdos acerca das relações étnico-raciais no ensino de história e cultura afro-brasileira, africana e indígena.

O objetivo é analisar a influência das teorias raciais na construção das imagens atribuídas à figura dos povos africanos e indígenas, bem como os limites e as possibilidades de abordagem da história da África, dos afro-brasileiros e dos indígenas em sala de aula. Não pretendemos esgotar a temática em sua abordagem histórica, visto que muitos trabalhos vêm sendo publicados com esse propósito. Procuraremos abordar aqui os aspectos relacionados à cultura, ao imaginário social e à construção de representações sociais, entendidos como elementos fundamentais para a compreensão da noção de **identidade cultural.**

É indispensável que todos os profissionais envolvidos com a educação discutam as relações étnicas e raciais, bem como a diversidade cultural, uma vez que a pluralidade cultural brasileira exige de cada um de nós um constante aprendizado de respeito às diferenças e de percepção da riqueza cultural que estas trazem consigo.

Organização didático-pedagógica

Esta seção tem a finalidade de apresentar os recursos de aprendizagem utilizados no decorrer da obra, de modo a evidenciar quais aspectos didático-pedagógicos nortearam o planejamento do material e como o aluno/leitor pode tirar o melhor proveito dos conteúdos para seu aprendizado.

Síntese

Você conta, nesta seção, com um recurso que o instigará a fazer uma reflexão sobre os conteúdos estudados, de modo a contribuir para que as conclusões a que você chegou sejam reafirmadas ou redefinidas.

Indicações culturais

Ao final do capítulo, o autor oferece algumas indicações de livros, filmes ou *sites* que podem ajudá-lo a refletir sobre os conteúdos estudados e permitir o aprofundamento em seu processo de aprendizagem.

Atividades de autoavaliação

Com estas questões objetivas, você tem a oportunidade de verificar o grau de assimilação dos conceitos examinados, motivando-se a progredir em seus estudos e a preparar-se para outras atividades avaliativas.

Atividades de aprendizagem

Aqui você dispõe de questões cujo objetivo é levá-lo a analisar criticamente um determinado assunto e aproximar conhecimentos teóricos e práticos.

Bibliografia comentada

Nesta seção, você encontra comentários acerca de algumas obras de referência para o estudo dos temas examinados.

Introdução

A diversidade étnica e cultural do Brasil – entre tantas riquezas do país – é, sem dúvida, um de seus destaques em comparação com outros povos e culturas. O Brasil é um país plural, que aprende com as diferenças de seu próprio povo. Essa característica decorre do processo de colonização e dos fluxos migratórios ocorridos ao longo da história, que possibilitaram a convivência e a integração cultural entre europeus, indígenas, africanos, asiáticos e americanos. No entanto, os processos de integração cultural muitas vezes acabam por impor a cultura que se sobressai, seja pelo uso da força física, seja por pressão econômica.

Como veremos adiante, os processos de aculturação que marcam a história da sociedade brasileira decorreram inicialmente do contato entre os colonizadores e os povos colonizados – nos quais indígenas e africanos foram brutalmente escravizados em nome do progresso e da riqueza dos colonizadores. Esses processos, que envolveram escravização de povos e tentativas de catequização e domesticação, acirraram ainda mais as desigualdades sociais vividas por nossa sociedade até os dias de hoje.

Refletir sobre **relações étnico-raciais** significa contribuir para a eliminação de pensamentos e atitudes etnocêntricas, decorrentes das diferenças socioculturais presentes em grupamentos humanos distintos. Ao mesmo tempo, este estudo fornece subsídios teóricos que possibilitam não apenas a compreensão da estrutura social e da diversidade cultural, mas, sobretudo, dos elementos que sustentam as práticas e as intervenções críticas e criativas desenvolvidas nos mais variados contextos sociais (escolares e extraescolares) em que atuamos como cidadãos e educadores.

Estudos sobre História da África e Cultura Afro-Brasileira e Indígena – ministrados em todos os estabelecimentos de ensino fundamental e médio das redes pública e privada – foram incluídos no currículo escolar com a aprovação da Lei n. 10.639, de 2003[1], que alterou a Lei de Diretrizes de Bases da Educação Nacional de 1996. Em 2004, o Conselho Nacional de Educação (CNE) instituiu as Diretrizes Curriculares Nacionais por meio da Resolução n. 1, complementando a Lei n. 10.639/03. Tal Resolução tinha como propósito orientar e dar suporte aos profissionais da educação acerca dos conteúdos relacionados a essa temática.

Neste livro, procuramos abordar os principais conceitos relacionados à identidade e à diversidade cultural, enfatizando suas implicações no contexto educacional e na formação daqueles que se envolvem com a ciência, a arte e o ofício de ensinar.

---

1   Lei n. 10.639, de 9 de janeiro de 2003. Altera a Lei n. 9.394, de 20 de dezembro de 1996, que estabelece as Diretrizes e Bases da Educação Nacional, para incluir no currículo oficial da Rede de Ensino a obrigatoriedade da temática História e Cultura Afro-Brasileira, além de dar outras providências. Nela foram acrescidos os seguintes artigos: "Art. 26-A – Nos estabelecimentos de ensino fundamental e médio, oficiais e particulares, torna-se obrigatório o ensino sobre História e Cultura Afro-Brasileira. § 1º O conteúdo programático a que se refere o *caput* deste artigo incluirá o estudo da História da África e dos Africanos, a luta dos negros no Brasil, a cultura negra brasileira e o negro na formação da sociedade nacional, resgatando a contribuição do povo negro nas áreas social, econômica e política pertinentes à História do Brasil. § 2º Os conteúdos referentes à História e Cultura Afro-Brasileira serão ministrados no âmbito de todo o currículo escolar, em especial nas áreas de Educação Artística e de Literatura e História Brasileiras" (Brasil, 2003).

O livro está dividido em quatro capítulos. Ao término de cada um deles, disponibilizamos uma síntese do conteúdo exposto e estudado. Também apresentamos algumas indicações culturais relacionadas ao conteúdo: sugestões de leitura, filmes ou, ainda, análise de obras clássicas da pintura, da escultura e das artes em geral.

A diversidade cultural e a construção das diferenças

Para viver bem em sociedade, precisamos conhecer e respeitar as diferenças entre cada um de seus membros. Como sabemos, na qualidade de indivíduos, somos únicos. Buscamos constantemente fortalecer os elementos que nos fazem singulares, que tanto nos identificam quanto nos diferenciam dos outros. Assim, pelo anseio de nos tornarmos parte de um grupo, buscamos, no outro, pontos comuns, semelhanças.

Ao tentarmos equilibrar o desejo de singularidade com a necessidade de aceitação, às vezes nos defrontamos com posturas etnocêntricas, cujo propósito é o desejo de reafirmar a identidade de um grupo, ainda que por meio de uma falsa ideia de superioridade.

Nos últimos anos, muito tem se discutido sobre as relações étnico-raciais. Não raramente ouvimos pontos de vista discordantes, sobretudo no que diz respeito ao racismo, ao preconceito e às políticas públicas, que tentam corrigir os erros históricos cometidos contra povos indígenas, africanos e afrodescendentes. Observa-se que, muitas vezes, tais pontos de vista carecem de fundamentação – por este motivo, não conseguem passar do nível da simples opinião. Considerando esses aspectos, este capítulo foi construído com o propósito de contribuir com o debate tendo por base conceitos fundamentados em teorias antropológicas clássicas.

Diversidade, alteridade e pluralidade

Para compreender as relações étnico-raciais devemos, antes de tudo, aprofundar a discussão a esse respeito, clarificando os conceitos relacionados. Melhor dizendo, é preciso compreender a origem das diferenças e das desigualdades, o sentido da diversidade, suas implicações e a função da alteridade como moeda de troca fundamental e antídoto contra posturas e práticas etnocêntricas. Eis aí um grande emaranhado de conceitos, aos quais ainda se somam os termos *pluralidade* e *identidade*.

Ao nos utilizarmos do termo *diversidade*, referimo-nos à qualidade daquilo que é diverso, diferente ou variado. Nas ciências sociais, esse termo encontra correspondência com os conceitos de *alteridade*[1], *diferença* e *dessemelhança*. É, porém, mais genérico que os demais e pode estar relacionado a cada um deles em separado ou com os três ao mesmo tempo.

Observe que a sociedade em que vivemos, ao prevalecer-se das diferenças, admite a alteridade, acentuando a dessemelhança e evidenciando a diversidade.

A alteridade adota como princípio a necessidade de conhecermos, compreendermos e respeitarmos os demais seres humanos

---

1   *Alteridade* é aquilo que é do outro, o diferente. Pode ser também uma ideia segunda a qual todo homem interage em relação de interdependência com outros indivíduos. (Houaiss; Villar; Franco, 2001).

(o **outro**) exatamente como são, respeitando-os em suas diferenças e em seus direitos. Melhor dizendo: ao assumir a alteridade, adotamos o que a antropologia veio a chamar de *relativismo cultural*[2]. Quando esse princípio não é incorporado nas relações sociais, podemos ampliar situações de conflito. Para que possamos compreender os efeitos dos nossos comportamentos quando o princípio da alteridade não é considerado, vejamos o texto a seguir:

> A nossa tendência é **colonizar** o outro, ou partir do princípio de que eu sei e ensino para ele. Ele não sabe. Eu sei melhor e sei mais do que ele. Toda a estrutura do ensino no Brasil, criticada pelo professor Paulo Freire, é fundada nessa concepção. O professor ensina e o aluno aprende. É evidente que nós sabemos algumas coisas e, aqueles que não foram à escola, sabem outras tantas, e graças a essa complementação vivemos em sociedade. Como disse um operário num curso de educação popular: "Sei que, como todo mundo, não sei muitas coisas". Numa sociedade como a brasileira em que o *apartheid* é tão arraigado, predomina a concepção de que aqueles que fazem serviço braçal não sabem. No entanto, nós que fomos formados como anjos barrocos da Bahia e de Minas, que só têm cabeça e não têm corpo, **não sabemos o que fazer das mãos**. Passamos anos na escola, saímos com Ph.D., porém não sabemos cozinhar, costurar, trocar uma tomada ou um interruptor, identificar o defeito do automóvel [...] e nos consideramos eruditos. **E o que é pior, não temos equilíbrio emocional para lidar com as relações de alteridade.** (Betto, 2014, grifo nosso)

---

2   O relativismo cultural entende que cada cultura em particular apresenta padrões e valores que lhes são próprios e convenientes.

O ser humano ocupado em "colonizar" o outro não age com respeito aos seus semelhantes e, por isso, contraria o conceito de alteridade. Em um cenário **globalizado** e conflituoso, ocorre o distanciamento entre pontos de vista distintos, por meio das representações sociais, sobre o diferente ou o variado, marginalizando-o, tornando-o **desviante**, **incomum** e/ou **estranho**. É necessário despertarmos para uma dimensão dialética que não seja causal sobre o outro – objeto ou sujeito –, e sim passível de interpretações e reinterpretações diversas, tal qual ocorre em uma autêntica comunidade.

As relações sociais e a construção cultural em comunidade

Nossa sobrevivência como espécie se deve à nossa capacidade de criar símbolos, o que nos possibilita representar situações do cotidiano. Para tanto, aprimoramos a linguagem e construímos um sistema próprio de comunicação, ao mesmo tempo que garantimos nossa sobrevivência e convivência em grupo por meio do estabelecimento de regras de solidariedade e sociabilidade.

A condição humana é sustentada pela capacidade de comunicação com nossos iguais: com eles nos relacionamos e estabelecemos relações, tão necessárias à boa convivência social. É sabido que o desenvolvimento e a evolução da linguagem oral podem ser considerados como os principais responsáveis pelo aumento das atividades cooperativistas e pelo desenvolvimento de núcleos familiares e de comunidades (Guerreiro, 2001).

Quando pensamos em uma comunidade, referimo-nos a um estado comum, que indica paridade, comunhão e identidade, ou, ainda, a um agrupamento social caracterizado pela coesão e baseado no consenso espontâneo dos indivíduos. Comunidades podem ser observadas em unidades sociais variáveis, tais como aldeias, conjuntos habitacionais, vizinhanças e até mesmo comunidades internacionais. Em outras palavras, define-se *comunidade* como um grupo de pessoas, dentro de uma área geográfica limitada, que interagem em instituições comuns e possuem um senso de interdependência e integração.

Contudo, uma comunidade não se estabelece apenas por meio de um conjunto de sujeitos que convivem e interagem dentro de um mesmo território. Particularmente, se esses indivíduos não se identificarem como partícipes da comunidade, esta não existe.

É importante observarmos que o que nos une e nos coloca na condição de pertencentes a um grupo, a uma comunidade, não é exclusivamente a forma como esta se estrutura, mas sim o sentimento que une, integra e identifica os elementos do grupo. Os laços que integram cada um dos sujeitos pertencentes ao grupo e à comunidade são de ordem tanto emocional quanto socioeconômica. Nesse quadro, os interesses coletivos são sempre superiores aos interesses individuais (Outhwaite; Bottomore, 1996).

Ou seja, quando o princípio da alteridade não está presente em determinado agrupamento humano, não é possível pensar na aplicação do termo *comunidade* para descrevê-lo. Para que uma comunidade se efetive, os indivíduos devem interagir, identificando-se uns aos outros; quando isso acontece, os objetivos do grupo prevalecem, inibindo a ação individualista de seus membros. É implícito aos seus partícipes o senso de compartilhamento de vantagens entre os membros, independentemente do talento ou da importância de cada um deles (Bauman, 2005).

Comunidade é uma entidade simbólica, sem parâmetros fixos, pois existe em relação e oposição a outras comunidades observadas; um sistema de valores e um código de moral que proporcionam aos seus membros um senso de identidade. [...] A dicotomia comunidade-associação pode ser ligada a contrastantes concepções políticas de sociedades – como uma livre associação de indivíduos em competição (visão liberal/hobbesiana) ou como um coletivo que é mais do que a soma de suas partes, um corpo edificante através do qual é possível concretizar a autêntica cidadania (visão socialista/rousseauniana) (Outwhaite; Bottomore, 1996, p. 116)

Desse modo, a interação humana dentro de uma comunidade depende dos meios de linguagem e de comunicação estabelecidos. É importante observar que somos capazes de nos comunicar tanto com os nossos semelhantes quanto com outros seres: os animais e outros organismos vivos também têm qualidades e informações que podem ou não ser decodificadas e interpretadas pelo homem.

A comunicação humana, de modo geral, corresponde a transmissão, codificação, recepção, partilha, distribuição e decodificação de informações, experiências, sensações e emoções, pensamentos, sentimentos etc., de uma pessoa para outra – ou seja, o ato de comunicar é o ato de tornar comum, tal como afirma Freire (1977, p. 66), ao sentenciar que "o mundo humano é, desta forma, um mundo de comunicação". Somos produto e produtores de cultura: tendo sido por ela construídos, contribuímos para a sua construção e reformulação. A cultura está diretamente relacionada com a nossa capacidade de nos adaptarmos ao meio em que vivemos, bem como nos diferencia de outros animais.

A condição humana é marcada pela capacidade que possuímos de construir regras e normas necessárias à convivência em grupos e de transformar a natureza, dela retirando o que necessitamos para sobreviver. Na qualidade de seres culturais por excelência, adaptamo-nos a uma grande diversidade de nichos ecológicos. De acordo com a biologia, entende-se por *nichos ecológicos* as condições físicas, biológicas e ambientais que um ser vivo necessita para crescer, sobreviver e reproduzir. Graças à nossa plasticidade para a sobrevivência, formamos comunidades desde o equador até os polos geográficos, desde as regiões tórridas e desérticas de 50 °C até as gélidas atmosferas siberianas e árticas, desde o nível do mar até altitudes de mais de 3.500 metros.

Até mesmo para a biologia o homem é um ser cultural: se quisermos captar sua natureza, não podemos deixar de lado a cultura.

> Nos animais superiores, o sistema nervoso apresentou certo grau, maior ou menor, de plasticidade: os padrões de comportamento não são determinados unicamente pela estrutura genética, mas pela interação desta com o meio ambiente. Em outras

palavras, temos a capacidade de aprender, de modificar nossos padrões de comportamento em função de nossas experiências. (Oliveira, 1999, p. 8)

Em função disso, criamos e obedecemos regras estritamente humanas – e a educação, nesse sentido, é o principal veículo de transmissão de cultura e de regras.

Convivendo em grupos, definimos um conjunto de regras que delimitam nossos pensamentos e nossas ações, determinando assim nossos modos de vida. Ou, como comenta Peter Berger[3], nosso comportamento é resultante da maneira como organizamos as relações sociais e das regras de conduta e valores por nós determinados, considerados como elementos fundamentais para a construção da vida social, econômica e política (Berger, 1986).

Nossa identidade social e a própria realidade são construídas por meio das relações sociais que estabelecemos com os outros, **iguais a nós**, e com a **natureza**. Com o propósito de demarcar lugares (território), manipulamos socialmente nossa identidade, assim como a de outros.

Em cada contexto social, recombinamos os elementos de nossa identidade, ressaltando alguns elementos ou ocultando outros.

Assim, somos brasileiros, mas também nos diferenciamos regionalmente por meio de novas identidades. Melhor dizendo, somos brasileiros, mas também somos gaúchos, paulistas, mineiros, baianos, nortistas, nordestinos – enfim, incorporamos

---

3 Sociólogo e teólogo luterano austro-americano. Sua dedicação científica foi caracterizada por sua identidade de teólogo laico, condição que impregna sua obra. O autor escreveu relevantes textos no campo da teoria sociológica e da sociologia política sobre a globalização e o desenvolvimento.

à nossa identidade características culturais das regiões por nós habitadas.

Na qualidade de indivíduos socializáveis, sujeitos pertencentes a uma estrutura social determinada, tratamos imediatamente de delimitar o território por nós ocupado, assim como informamos ao grupo o que nos diferencia (**nossa identidade pessoal**) e o que nos torna comuns em relação aos outros (**identidade de grupo**) – no sentido dado pelo sociólogo Émile Durkheim (citado por Quintaneiro, 2002, p. 69), podemos distinguir essas categorias como consciência individual e consciência coletiva, respectivamente. Esses conceitos são tão relevantes para a compreensão da construção das regras sociais e das causas da aceitação ou da discriminação do outro, do diferente, que, embora já os tenhamos visto em outras situações e contextos de nossa formação, vale a pena aqui revê-los.

Entendemos por **consciência individual** o modo que encontramos para nos comportar e interpretar a vida. A consciência individual pode diferenciar-se do modelo socialmente aceito, imposto e padronizado. Na verdade, a expressão das diferenças individuais contribui para a constituição da identidade dos sujeitos no interior de um agrupamento social. Essa identidade é condicionada à vivência dos indivíduos, bem como às influências da religião, da língua, da nacionalidade e da profissão exercida. Na identidade dos sujeitos também estão presentes o repertório cultural, o estado emocional (psicológico) e os condicionantes ideológicos e socioeconômicos.

A **consciência coletiva**, por sua vez, pode ser entendida como o conjunto de regras estabelecidas pela sociedade, por meio das quais os atos individuais são delimitados. É o conjunto de normas e padrões socialmente aceitos por todos os membros de uma mesma sociedade.

No pensamento sociológico produzido por Émile Durkheim (citado por Quintaneiro, 2002, p. 69), observamos que a consciência coletiva confunde-se com o todo da sociedade, contribuindo com a sua formação. Assim, as ideias, o pensamento e o comportamento social são construídos pela consciência coletiva. A sociedade constitui-se por um todo, que nada mais é do que a somatória de cada uma das partes, ainda que distinto de cada uma delas. A consciência coletiva, conjunto de crenças e sentimentos comuns a todos os sujeitos integrantes de um grupo e de uma sociedade, forma um sistema com vida própria, capaz de exercer uma força coercitiva que normatiza a conduta social. É importante observar que a consciência coletiva existe além de nós mesmos e nos controla, determinando nossas ações e, em última instância, o comportamento da coletividade.

Com a finalidade de afirmarmos nossa identidade (pessoal), destacando o que nos diferencia dos demais, iniciamos um processo de inclusão e exclusão. Delimitamos o espaço por nós ocupado e estabelecemos relações de poder, nas quais estão fortemente definidas as diferenças entre nós, nossos semelhantes e os "outros".

Os laços estabelecidos entre indivíduos em sociedade são responsáveis pela construção de redes de dependência que se formam e se fortalecem a cada instante, produzindo o tecido que sustentará toda a estrutura social.

Em sociedades complexas, os atos de muitos indivíduos distintos vinculam-se ininterruptamente, formando longas cadeias de atos, e assim as ações de cada indivíduo cumprem suas finalidades. Essa rede de funções, desempenhadas de modo interdependente pelos indivíduos, representa um tipo especial de esfera: suas estruturas são o que denominamos *estruturas sociais* (Elias, 1994).

Sob o ponto de vista de Cecil Helman (2003), um aspecto crucial da "lente" de qualquer cultura é a divisão do mundo e das pessoas em **categorias diversas**, cada uma com seu próprio nome. Todas as culturas dividem seus membros em diferentes categorias sociais – homens ou mulheres, crianças ou adultos, jovens ou velhos, parentes ou estranhos, classe alta ou baixa, capazes ou incapazes, normais ou anormais, saudáveis ou doentes etc.

E todas elas possuem formas elaboradas de movimentar o indivíduo de uma categoria para outra (como de *pessoa doente* para *pessoa saudável*) e de confinar pessoas – algumas vezes contra a sua vontade – nas categorias em que foram enquadradas (como *louco, deficiente* ou *velho*) (Helman, 2003, p.13).

Desse modo, as lentes culturais moldam, formam e regulam a qualidade da consciência coletiva e individual, que passa por filtros sociais e culturais, além de circuitos de programação mental. Esses filtros culturais são condicionantes; ao se trocar o filtro, troca-se a imagem percebida. Por outro lado, nossa consciência é abastecida por informações e linguagens, pela cultura, pela educação, pela comunicação, pela percepção sensorial e pelas sensações (Ribeiro, 2013).

Contudo, a sociedade encarrega-se de construir e legitimar, de acordo com seus próprios interesses, modelos ideais para seus integrantes, sustentando princípios de igualdade que tentam abafar diferenças – ou mesmo negá-las. Com isso, por meio de uma tentativa de homogeneização de comportamentos, impede-se que as individualidades e as diferenças se expressem naturalmente.

Devemos sempre ressaltar a diferença entre *igualdade* e *equidade*. A **equidade** é o direito ao acesso – respeitando-se, por exemplo, as diferenças. Para alcançá-la, devemos prover condições diferenciadas de acordo com as necessidades de cada sujeito. Tomaz Tadeu da Silva comenta, em um artigo intitulado *A produção social da identidade e da diferença*, que as concepções e usos dos termos *identidade* e *diferença* estão diretamente relacionados com o modo como as sociedades humanas produzem e se utilizam das classificações. Segundo esse autor, as classificações são construídas sob o ponto de vista da identidade. Para ele, "dividir e classificar significa, neste caso, também hierarquizar. Deter o privilégio de classificar significa também deter o privilégio de atribuir diferentes valores aos grupos assim classificados" (Silva, 2013).

Na concepção do antropólogo e educador Carlos Rodrigues Brandão, o reconhecimento das diferenças se dá por meio da consciência da alteridade. Para o autor, o diferente, ao mesmo tempo em que atrai, também atemoriza – em razão disto, carece de tradução (Brandão, 1986, p. 7).

O respeito à alteridade traz como compromisso a necessidade de nos colocarmos no lugar do outro, do diferente, com ele estabelecendo uma relação baseada no diálogo e no respeito.

Resumidamente, nossos comportamentos, nossas crenças e nossos juízos em sociedade também são determinados por diversos fatores, dentre os quais se destacam, como aponta Helman (2003):

- **Nível individual** – idade, gênero, tamanho, aparência, personalidade, inteligência, experiência, estado físico e emocional.
- **Nível educacional** – somos também produto da educação formal e informal, da educação religiosa, étnica ou profissional.

- **Fatores socioeconômicos e ambientais** – classe social, *status* econômico e a existência de redes de apoio social sustentadas por outras pessoas também nos diferenciam, bem como clima, densidade populacional, poluição do hábitat e tipos de infraestrutura disponíveis – como moradia, estradas, pontes, transporte e serviços públicos.

Contraditoriamente, ao mesmo tempo que demonstramos o desejo de sermos singulares, não aceitamos a possibilidade de sermos sós, já que somos produto de uma construção social coletiva – a cultura.

O povo brasileiro e sua identidade

Pensando nos conceitos de *diversidade*, *alteridade* e *comunidade*, vamos analisar brevemente a construção de nossa maior comunidade em perspectiva – a sociedade brasileira. Em nossa análise, vamos priorizar os povos que já habitavam esta terra. Para tanto, precisamos considerar que, ao ser descoberto pelos portugueses, o Brasil apresentava outra configuração. Aqui habitavam diferentes povos que, entre si e distintamente, constituíam-se em diferentes comunidades. Dentre esses, destacamos os grupos distribuídos entre os troncos linguísticos Jê, Nu-Aruak, Karib e Tupi.

No que diz respeito às línguas indígenas no Brasil, por sua vez, há dois grandes troncos – Tupi e Macro-Jê – e 19 famílias linguísticas que não apresentam graus de semelhanças suficientes para que possam ser agrupadas em troncos. Há, também, famílias de apenas uma língua, às vezes denominadas "línguas isoladas", por não se revelarem parecidas com nenhuma outra língua conhecida. É importante lembrar que poucas línguas indígenas no Brasil foram estudadas em profundidade. Portanto, o conhecimento sobre elas está permanentemente em revisão.

(Povos Indígenas no Brasil, 2014)

Os primeiros contatos travados pelos colonizadores portugueses se deram com povos indígenas do grupo Tupi. Ao longo de muitos anos, o processo de aculturação do povo brasileiro levou em consideração, acima de tudo, os valores e os costumes desse tronco linguístico. Com isso, até mesmo os indígenas de outras etnias tiveram de incorporar tais valores. É importante, portanto, observar como o tronco Tupi se configura, para que possamos compreender a diversidade étnica e cultural nele presente. Para tanto, apresentamos a seguir um quadro publicado (Instituto Socioambiental, [201-]).

Figura 1.1 – Tronco linguístico tupi, o maior tronco linguístico indígena Brasil

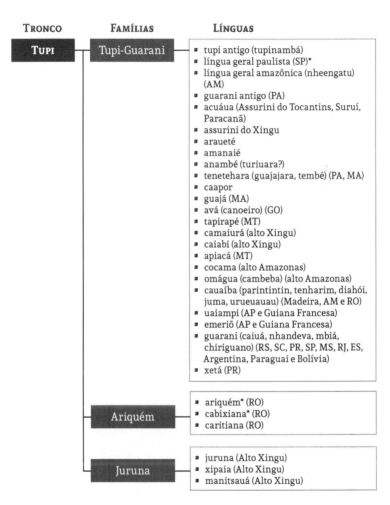

Tronco	Famílias	Línguas
Tupi	Tupi-Guarani	• tupi antigo (tupinambá) • língua geral paulista (SP)* • língua geral amazônica (nheengatu) (AM) • guarani antigo (PA) • acuáua (Assurini do Tocantins, Suruí, Paracanã) • assurini do Xingu • araueté • amanaié • anambé (turiuara?) • tenetehara (guajajara, tembé) (PA, MA) • caapor • guajá (MA) • avá (canoeiro) (GO) • tapirapé (MT) • camaiurá (alto Xingu) • caiabi (alto Xingu) • apiacá (MT) • cocama (alto Amazonas) • omágua (cambeba) (alto Amazonas) • cauaíba (parintintin, tenharim, diahói, juma, urueuauau) (Madeira, AM e RO) • uaiampi (AP e Guiana Francesa) • emeriõ (AP e Guiana Francesa) • guarani (caiuá, nhandeva, mbiá, chiriguano) (RS, SC, PR, SP, MS, RJ, ES, Argentina, Paraguai e Bolívia) • xetá (PR)
	Ariquém	• ariquém* (RO) • cabixiana* (RO) • caritiana (RO)
	Juruna	• juruna (Alto Xingu) • xipaia (Alto Xingu) • manitsauá (Alto Xingu)

(continua)

(Figura 1.1 – conclusão)

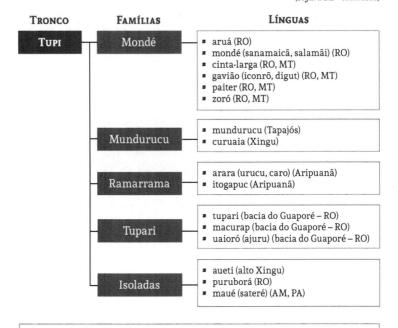

As línguas marcadas com asterisco (*) não são mais faladas.
Entre parênteses, aparecem os dialetos das línguas e, em seguida, a região onde a língua é falada.

Fonte: Elaborado com base em Povos Indígenas no Brasil, 2014.

A despeito da diversidade cultural e sociolinguística presente entre os integrantes do grupo Tupi, os indígenas contatados passaram a aprender somente o tupi-guarani. No contato com os missionários portugueses, e durante o processo de catequização, incorporaram o deus tupi, crendo em Tupã, divindade que controlava o raio e o trovão.

À época do descobrimento, a terra, propriedade imemorial dos povos indígenas que aqui habitavam em comunidades tradicionais, ganha uma nova identidade: passa a ser chamada de Brasil. Em virtude das mais diversas mudanças, todas elas culminando em impactos severos, os indígenas tiveram de incorporar em suas identidades novos padrões.

A identidade do povo brasileiro é construída, ou melhor, nominada pela necessidade sentida pelos colonizadores de identificar os comerciantes de pau-brasil. Como sabemos, o descobrimento do Brasil é decorrente da expansão marítima europeia, na transição do feudalismo para o capitalismo.

Com a chegada do "estranho", do colonizador, o território ocupado por aproximadamente 150 povos distintos ganha um único nome, e as comunidades ditas *primitivas* modificam-se com a introdução do machado e de outros instrumentos de metal. Durante muito tempo, aprendemos na escola que os índios eram exclusivamente do tronco Tupi, que acreditavam em Tupã, viviam em ocas e falavam o tupi-guarani. Deixamos de considerar que, com identidades e culturas distintas, viviam e vivem no Brasil 143 povos. Alguns deles ainda vivem em comunidades ditas *primitivas*.

Julio Cesar Melatti (1987, p. 16), na obra *Índios do Brasil*, assim descreve o modo como alguns povos indígenas do grupo Jê explicam a origem dos "brancos", os colonizadores:

> Antigamente não havia civilizados, mas apenas índios. Uma mulher indígena ficou grávida. Toda vez que ela ia tomar banho no ribeirão próximo da aldeia, seu filho, que ainda não havia nascido, saía de seu ventre e se transformava em animais, brincando à beira d'água. Depois, voltava outra vez ao ventre materno. A mãe não dizia nada a ninguém. Um dia o menino nasceu. Era Aukê. Ainda recém-nascido, transformava-se em rapaz, em homem adulto, em velho. Os habitantes da aldeia temiam os poderes sobrenaturais de Aukê e, de acordo com

seu avô materno, resolveram matá-lo. As primeiras tentativas de liquidá-lo não tiveram sucesso. Uma vez, por exemplo, o avô o levou ao alto de um morro e empurrou-o de lá no abismo. O menino, porém, virou folha seca e foi caindo devagarinho, voltando são e salvo para a aldeia. Até que o avô resolveu fazer uma grande fogueira e nela atirá-lo. Dias depois, quando foi ao local do assassinato para recolher as cinzas do menino, achou lá uma casa grande de fazenda, com bois e outros animais domésticos: Aukê não havia morrido, mas sim transformara-se no primeiro homem civilizado. Aukê ordenou, então, ao avô, que fosse buscar os outros habitantes da aldeia. E eles vieram. Quando Aukê os fez escolher entre a espingarda e o arco, os índios ficaram com medo de usar a primeira, preferindo o segundo. Por terem preferido o arco, os índios permaneceram como índios. Se tivessem escolhido a espingarda, teriam se transformado em civilizados. Aukê chorou com pena dos índios não terem escolhido a civilização.

Essa passagem do mito dos Timbira é um exemplo que nos mostra que o estranhamento em relação ao outro está presente em cada cultura, em cada contexto social. A necessidade de compreensão do outro e das diferenças culturais nos leva a explicações que, mesmo parecendo sem sentido para alguns, tornam-se lógicas para aqueles que as constroem em seu imaginário.

Os Timbira descrevem, com suas palavras, o exercício da força física e do uso de armas como meio de submissão aplicado pelo civilizado. Ao mesmo tempo, fortalecem a ideia de identidade e valorização de sua própria cultura, já que na narrativa eles optam pelo arco, permanecendo na condição de indígena.

Esse processo de estranhamento em relação ao outro e, ao mesmo tempo, de defesa da própria cultura, comum aos mais diversos povos, é uma forma de avaliar o diferente à luz da sua própria cultura e de seus juízos particulares. É o que denominamos *etnocentrismo*.

Etnocentrismo

Somos indivíduos únicos e plurais ao mesmo tempo. Por esse motivo, e a despeito de nossa individualidade, buscamos nos identificar com outros, reconhecendo valores, regras e padrões comuns. Esse movimento antagônico acaba por gerar visões preconceituosas em relação ao outro, o diferente. Essa visão equivocada e etnocêntrica[4] encontra-se atrelada aos valores de um único padrão socialmente adotado como modelo, como unidade de medida.

O pensamento etnocêntrico é responsável pela adoção de um padrão de comportamento que leva o sujeito a desconsiderar a lógica do funcionamento de outras culturas, diferentes da sua própria. Os padrões culturais de nossa sociedade, de nosso grupo, condicionam-nos de tal modo que acabamos por construir juízos de valor sobre tudo o que for diferente.

O etnocentrismo é responsável pela intolerância e pelo preconceito muitas vezes por nós praticados contra o outro, aquele que é diferente de nós. A postura etnocêntrica, intolerante em

---

4   Postura que privilegia os valores de determinada cultura, em detrimento da cultura e dos valores de outra.

relação a todo e qualquer comportamento e cultura distinta, é, por esse motivo, avessa aos processos de integração entre povos e culturas, como aqueles proporcionados na atualidade com o avanço das tecnologias de informação e comunicação. Também podemos afirmar que o pensamento etnocêntrico é o antídoto que neutraliza o comportamento que busca a alteridade, visto que não respeita a diferença e dela faz uso apenas para discriminar o diferente, o estrangeiro.

Precisamos ter claro que o etnocentrismo é um fenômeno observável em qualquer sociedade, não sendo característica deste ou daquele grupo em particular. Por meio dele,

> os valores culturais de um povo passam a ser utilizados como parâmetros para a produção de juízos de valor acerca dos modos de vida dos demais povos. Tornados absolutos, esses valores tendem a ser naturalizados e, como consequência, tem-se sempre uma avaliação das diferenças centradas no ponto de vista do observador, tomado como ponto de vista universal e natural. Assim, as diferenças passam a ser traduzidas e avaliadas nos termos de quem as descreve e não nos termos de quem as vive.
> (Passador, 2001, p. 39)

Muitos são os trabalhos que procuram descrever os choques culturais e os juízos de valor presentes em situações de contato entre indivíduos e grupos distintos. Dentre eles, destacamos o trabalho de Everardo Rocha, intitulado *O que é etnocentrismo* (1988). Nele, Rocha comenta que nossas atitudes em relação ao outro são carregadas de posições etnocêntricas, marcadas pela rotulação e pela aplicação de estereótipos. Segundo o autor,

As ideias etnocêntricas que temos sobre as "mulheres", os "negros", os "empregados", os "paraíbas de obra", os "colunáveis", os "doidões", os "surfistas", as "dondocas", os "velhos", os "careta", os "vagabundos", os gays e todos os demais "outros" com os quais temos familiaridade, são uma espécie de "conhecimento", um "saber" baseado em formulações ideológicas, que no fundo transforma a diferença pura e simples num juízo de valor perigosamente etnocêntrico. (Rocha, 1988, p. 9)

Tomemos como referência a história do Brasil. Os primeiros contatos entre o colonizador e as sociedades indígenas que aqui viviam foram descritos por Pero Vaz de Caminha[5] em sua célebre Carta, na qual podemos observar seu comportamento etnocêntrico. Vamos analisar o trecho a seguir (grifos nossos):

tomou dois daqueles homens da terra, mancebos e de bons corpos, que estavam numa almadia. [...] Trouxe-os logo, já de noite, ao Capitão, em cuja nau foram recebidos com muito prazer e festa. A feição deles é serem pardos, maneira de **avermelhados**, de bons rostos e bons narizes, bem-feitos. Andam nus, sem nenhuma cobertura. Nem estimam de cobrir ou de mostrar suas **vergonhas**; e nisso têm tanta inocência como em mostrar o rosto. Ambos traziam os **beiços** de baixo furados e metidos neles seus ossos brancos e verdadeiros, de comprimento duma mão travessa, da grossura dum fuso de algodão, agudos na ponta como um furador. Metem-nos pela parte de dentro do beiço; e a parte que lhes fica entre o beiço e os dentes é feita como roque

---

5   A Carta de Pero Vaz de Caminha foi publicada pelo Ministério da Cultura, pela Fundação Biblioteca Nacional e pelo Departamento Nacional do Livro, sendo disponibilizada integralmente no *link*: <http://objdigital.bn.br/Acervo_Digital/Livros_eletronicos/carta.pdf>. Acesso em: 31 maio 2014.

de xadrez, ali encaixado de tal sorte que não os molesta, nem os estorva no falar, no comer ou no beber. Os cabelos seus são corredios. E andavam **tosquiados**, de tosquia alta, mais que de sobrepente, de boa grandura e rapados até por cima das orelhas. E um deles trazia por baixo da solapa, de fonte a fonte para detrás, uma espécie de cabeleira de penas de ave amarelas, que seria do comprimento de um coto, mui basta e mui cerrada, que lhe cobria o toutiço e as orelhas. E andava pegada aos cabelos, pena e pena, com uma confeição branda como cera (mas não o era), de maneira que a cabeleira ficava mui redonda e mui basta, e mui igual, e não fazia míngua mais lavagem para a levantar. [...] **Acenderam-se tochas. Entraram. Mas não fizeram sinal de cortesia, nem de falar ao Capitão nem a ninguém.** Porém um deles pôs olho no colar do Capitão, e começou de acenar com a mão para a terra e depois para o colar, como que nos dizendo que ali havia ouro. Também olhou para um castiçal de prata e assim mesmo acenava para a terra e novamente para o castiçal como se lá também houvesse prata. Mostraram-lhes um papagaio pardo que o Capitão traz consigo; tomaram-no logo na mão e acenaram para a terra, como quem diz que os havia ali. Mostraram-lhes um carneiro: não fizeram caso. Mostraram-lhes uma galinha, quase tiveram medo dela: não lhe queriam pôr a mão; e depois a tomaram como que espantados. **Deram-lhes ali de comer: pão e peixe cozido, confeitos, fartéis, mel e figos passados. Não quiseram comer quase nada daquilo; e, se alguma coisa provaram, logo a lançaram fora. Trouxeram-lhes vinho numa taça; mal lhe puseram a boca; não gostaram nada, nem quiseram mais.** Trouxeram-lhes a água em uma albarrada. Não beberam. Mal a tomaram na boca, que lavaram, e logo a lançaram fora. Viu um deles umas contas de rosário, brancas; acenou que lhas dessem, folgou muito com elas, e lançou-as ao pescoço. Depois tirou-as e enrolou-as no braço e acenava para a terra e de novo para as contas e para o colar do Capitão, como dizendo que dariam ouro por aquilo. Isto tomávamos nós assim por assim o desejarmos. Mas se ele queria dizer que levaria as contas e mais o colar, isto não o queríamos nós entender, porque não lho havíamos de dar. E depois tornou as contas a quem lhas dera. Então estiraram-se de costas na alcatifa, a dormir, sem buscarem maneira de cobrirem suas vergonhas, as quais não eram fanadas; e as cabeleiras delas estavam bem rapadas e feitas. O Capitão lhes mandou pôr por baixo das cabeças seus coxins; e o da cabeleira esforçava-se por não a quebrar. E lançaram-lhes um manto por cima; e eles consentiram, quedaram-se e dormiram. [...] No sábado pela manhã, [...] fomos assim de frecha direitos à praia. Ali acudiram logo obra de duzentos homens, todos nus, e com arcos e setas nas mãos. Aqueles que nós levávamos acenaram-lhes que se afastassem e pousassem os arcos; e eles os pousaram, mas não se afastaram muito. E mal pousaram os arcos, logo saíram os que nós levávamos, e o mancebo degredado com eles. [...] Levava Nicolau Coelho cascavéis e manilhas. E a uns dava um cascavel, a outros uma manilha, de maneira que com aquele engodo quase nos queriam dar a mão. Davam-nos daqueles arcos e setas por sombreiros e carapuças de linho ou por qualquer coisa que homem lhes queria dar. [...] Ali andavam entre eles três ou quatro moças, bem moças e bem gentis, com cabelos muito pretos, compridos pelas espáduas, e suas vergonhas tão altas, tão cerradinhas e tão limpas das cabeleiras que, de as muito bem olharmos, não tínhamos nenhuma vergonha. **Ali por então não houve mais fala ou entendimento com eles, por a barbaria deles ser tamanha, que** se não entendia nem ouvia ninguém. Acenamos-lhes que se fossem; assim o fizeram e passaram-se além do rio.

O trecho da carta de Caminha nos mostra em diferentes passagens (*vide* trechos grifados) os juízos de valor e a influência do pensamento etnocêntrico na descrição dos indígenas contatados. Observa-se a curiosidade e o estranhamento dos desbravadores europeus em relação à cultura desses povos indígenas. Como é comum no contato entre povos diferentes, a curiosidade é substituída pelo preconceito. Não havendo domínio da língua por parte de indígenas e europeus, a comunicação se dá pela troca de olhares e gestos que, em razão de sua subjetividade, podem confundir tanto aqueles que emitem a informação quanto aqueles que a recebem.

A valorização dos costumes de um grupo e o desconhecimento acerca de hábitos alimentares do povo recém-contatado pode ser identificado no trecho que inicia com: "Deram-lhes ali de comer: pão e peixe cozido, confeitos, fartéis, mel e figos passados [...]".

Como se vê, os portugueses, na ânsia de construir uma "política de boa vizinhança" com os povos indígenas, não tiveram a preocupação de observá-los, de conhecê-los e de identificar seus costumes. Tomaram por princípio o que ocorre naturalmente em situações de contato – ou seja, seus próprios valores e gostos.

O conteúdo da carta também nos permite identificar o interesse inicial dos colonizadores no que diz respeito às riquezas da terra – o ouro, a prata e outros metais. Observamos, ainda, que, ao fim do trecho selecionado, o relator destaca o que veio a chamar de *barbárie* no comportamento dos indígenas contatados. Notamos que esse juízo é atribuído pelos portugueses por levarem em conta, em sua observação, somente os seus próprios padrões de comportamento, ignorando os padrões culturais do grupo contatado.

Da mesma forma, se tivéssemos acesso ao pensamento dos indígenas, também poderíamos observar os juízos ali presentes em relação ao colonizador.

Nas sociedades indígenas, vários são os exemplos nos quais podemos identificar a presença do pensamento etnocêntrico. Lilia Moritz comenta que os índios Urubu-Kaapor, que vivem no Vale do Pindaré, no estado do Maranhão, explicam a existência do grupo num de seus mitos de origem. A palavra *Kaapor*, quando traduzida para o português, corresponde a "seres da floresta", ou "seres da mata". Segundo os índios, "todos os homens vieram das madeiras. Todos. Só que, enquanto os Kaapor originaram-se das madeiras boas, os outros homens (a humanidade, para eles) nasceram das madeiras podres" (Moritz; Pereira, 1996, p. 18).

Perspectiva semelhante pode ser identificada entre os índios Kulina, que vivem no Estado do Acre. O povo se autodenomina *Madija*, cuja tradução corresponde à palavra *gente*. Logo, se Kulina é Madija, somente eles se autodenominam gente, e os demais são os outros.

É possível dizer que o pensamento etnocêntrico está presente em todo e qualquer agrupamento humano, de forma que, tal qual a cultura, é inerente à nossa condição. Por provocar efeitos negativos nas relações sociais que estabelecemos com outros grupos, o princípio da alteridade deve ser evocado, como forma de minimizar os efeitos provocados pelo etnocentrismo.

Síntese

Neste capítulo, procuramos abordar os conceitos de etnocentrismo, relativismo cultural, diversidade e alteridade, entendidos como conceitos de base, fundamentais para se compreender as posturas preconceituosas e discriminatórias presentes em nosso cotidiano. A seguir, no Quadro 1.1, disponibilizamos o resumo desses conceitos.

Quadro 1.1 – Conceitos do capítulo

ETNOCENTRISMO	Comportamento que supervaloriza a cultura do observador, subestimando a cultura do observado e tomando-a como inferior.
DIVERSIDADE CULTURAL	Constitui-se de diferentes costumes, tradições e padrões culturais presentes em uma sociedade determinada.
CONSCIÊNCIA INDIVIDUAL	Modo particular de se pensar o mundo.
CONSCIÊNCIA COLETIVA	A consciência (moralidade) e a percepção (concepção, apreensão) de cada indivíduo são produzidas pela sociedade. Todas as sociedades possuem uma cultura comum, e esse padrão mantém a coesão social.

Indicações culturais

A MISSÃO. Direção: Robert Bolt. Inglaterra: Warner Bros., 1986. 125 min.

No fim do século XVIII, um mercador de escravos entra em crise de consciência pelo assassinato de seu próprio irmão em um duelo.

Para tentar se penitenciar, o mercador se torna padre e se une a um jesuíta bem-intencionado na luta em defesa dos índios.

No entanto, depara-se com interesses econômicos que impedem o trabalho com os povos indígenas contatados.

A estória se desenrola em um século no qual os indígenas eram caçados para o trabalho escravo em terras colonizadas pelos europeus. A condição de escravos, à qual os índios eram submetidos, cessava quando estes eram catequizados e convertiam-se à fé cristã. Essa era a missão dos jesuítas pertencentes à Companhia de Jesus.

A ganância dos conquistadores europeus aumentava sem cessar e, motivados pela exploração de mão de obra indígena e pela expropriação das riquezas das terras brasileiras, inicia-se, onde hoje são os estados de São Paulo e de Minas Gerais, um processo denominado *Entradas e Bandeiras*. Tratava-se da incursão de grupos de caçadores mata adentro, com a intenção de capturar novos escravos. Inevitavelmente, ocorreu o confronto entre jesuítas e bandeirantes, uma vez que estes, invadindo a região das missões jesuíticas, capturavam à força índios catequizados, que, na convivência com a Companhia de Jesus, haviam conhecido a música clássica, a escrita e a Bíblia.

As Missões Jesuíticas estavam sob a jurisdição e a proteção da Coroa Espanhola. Ocorre, porém, que a proteção prestada pela Companhia de Jesus aos índios não era vista com bons olhos pela Coroa Portuguesa, interessada em escravizar os indígenas que ali viviam. Assim, o Marquês de Pombal encarrega-se de acusar os jesuítas de regicídio contra o Rei da Espanha, Dom José I. Tal situação culmina com a expulsão dos jesuítas da colônia. Em seguida, com a celebração do Tratado de Madrid, Espanha e Portugal optam por excluir a catequese indígena. Desprotegidos, os indígenas catequizados ficam à mercê dos bandeirantes e passam a contar com o apoio de alguns poucos jesuítas que, à revelia da coroa e da igreja, permaneceram no Brasil.

Como se pode notar, o filme ilustra bem as práticas colonialistas e os processos de exclusão e violência aos quais estiveram submetidos os povos indígenas no Brasil. Trata-se de obra significativa a todos aqueles que se dedicam a aprofundar e levar adiante a discussão sobre o preconceito e o genocídio praticado em terras brasileiras ao longo de nossa história.

DESCOBRIMENTO DO BRASIL. Direção: Humberto Mauro. Brasil: DFB, 1936. 83 min. Disponível em: <http://www.youtube.com/watch?v=hKI4miHolkI>. Acesso em: 5 maio 2014.
Trata-se de um documentário elaborado com base em trechos da Carta de Pero Vaz de Caminha. Ele retrata a chegada dos portugueses à costa brasileira, no ano de 1500. O filme foi produzido pelo cineasta Humberto Mauro, no ano de 1936; a trilha sonora é de Heitor Vila-Lobos.

O POVO brasileiro. Direção: Iza Ferraz. Brasil: 2000. 260 min. Disponível em: <http://www.youtube.com/watch?v=aTHpzqiWo-g>. Acesso em: 30 abr. 2014.
Este documentário foi produzido tomando-se como referência a última obra escrita pelo antropólogo Darcy Ribeiro. Com duração de aproximadamente 4 horas, também disponível em nove episódios, o documentário trata da formação da nação brasileira e da diversidade resultante da incorporação das matrizes tupi, portuguesa e africana. Nos nove episódios da série, são apresentadas as culturas brasileiras em um país subdividido em Brasil crioulo, caipira, caboclo e sulino.

São discutidos temas relevantes, dentre os quais se destacam os aspectos da vida cotidiana e os hábitos culturais presentes na identidade da nação brasileira nos dias de hoje.

Atividades de autoavaliação

1. O conjunto de regras estabelecidas pela sociedade, segundo o qual são delimitados os atos individuais, as normas e os padrões socialmente aceitos por todos os membros de uma mesma sociedade, é o que Émile Durkeim denominou:
   a) Fato social.
   b) Consciência individual.
   c) Consciência coletiva.
   d) Identidade.

2. (UEG – 2012) "Não quero que a minha casa seja cercada de muros por todos os lados, nem que minhas janelas sejam tapadas. Quero que as culturas de todas as terras sejam sopradas para dentro de minha casa, o mais livremente possível. Mas recuso-me a ser desapossado da minha por qualquer outra." GANDHI, M. Relatório do desenvolvimento humano 2004. In: TERRA, L.; COELHO, M. de A. **Geografia geral**. São Paulo: Moderna, 2005. p. 137.

   Considerando-se as ideias pressupostas, o texto:

   a) afirma que a globalização aumentou, de modo sem precedente, os contatos e a união entre os povos e seus valores, reforçando o respeito às diferenças socioculturais.
   b) critica a intolerância com relação a outras culturas, gerando assim os conflitos comuns neste novo século.

c) indica o reconhecimento à diversidade cultural, além das necessidades de afirmação e de identidade, seja étnica, seja cultural, seja religiosa.

d) nega a existência da exclusão cultural e ressalta a homogeneização mundial e a superação/eliminação de fronteiras culturais.

3. Ao analisarmos outras culturas com base em nossos próprios valores culturais, acabamos por considerar nosso modo de vida como o mais correto e o mais natural. Essa tendência se denomina:
   a) Egocentrismo.
   b) Heliocentrismo.
   c) Heterocentrismo.
   d) Etnocentrismo.

4. O etnocentrismo refere-se:
   a) à corrente do pensamento antropológico que valoriza a cultura do outro, tomando-a como seu foco central de análise.
   b) ao método de pesquisa criado por Malinowski e empregado pela antropologia, o qual consiste em observar os fatos em campo, no momento em que eles acontecem.
   c) à corrente do pensamento antropológico que valoriza e se referencia na cultura do observador, subestimando a cultura do observado e tomando-a como inferior.
   d) ao centro cultural das análises antropológicas.

5. Quando do descobrimento pelos portugueses, as terras brasileiras eram habitadas por diferentes povos indígenas, distribuídos entre os seguintes troncos linguísticos:
   a) Tupi, Mayoro, Nuer e Apaches.

b) Jê, Nu-Aruak, Karib e Tupi.
c) Sateré-Mawe, Tupi, Nagô e Lokene.
d) Guanahani, Tupi, Guarani e Aruak.

ATIVIDADES DE APRENDIZAGEM

QUESTÕES PARA REFLEXÃO

Como vimos neste capítulo, o pensamento etnocêntrico constitui-se de uma visão de mundo segundo a qual o indivíduo ou grupo coloca-se na condição de centro das coisas, supervalorizando seus próprios valores em detrimento dos valores e padrões de outros. Para o pensamento etnocêntrico, os padrões culturais e os valores de outros grupos são vistos como inferiores. Com base nesse conceito, analise as condições atuais vividas pelos povos indígenas no Brasil e reflita nas duas questões que seguem:

1. Numa sociedade na qual a diversidade cultural é nitidamente marcante, como o pensamento etnocêntrico pode interferir na definição de políticas públicas de atenção às necessidades básicas das populações indígenas no Brasil?

2. Como se pode observar, costumes, religião e ideologia – enfim, a cultura do colonizador – foram impostos aos povos indígenas no Brasil por meio de um violento processo de aculturação. Como vimos, a cultura é dinâmica e, apesar dessas atitudes impositivas, muitos dos padrões culturais indígenas foram mantidos e incorporados à cultura nacional. Analisando a influência das culturas indígenas na formação do povo

brasileiro, identifique e comente alguns desses padrões culturais. Como eles são trabalhados hoje nos currículos escolares dos ensinos fundamental e médio?

ATIVIDADE APLICADA: PRÁTICA

Com base no conteúdo apresentado neste capítulo, identifique e analise situações cotidianas em que facilmente podem ser encontradas posturas etnocêntricas.

O pensamento etnocêntrico na história brasileira: apontamentos para reflexão

A sociedade brasileira constituiu-se como uma nação plural a partir do processo de colonização pelo qual passamos. Fomos influenciados por diversas etnias, incorporando padrões culturais de outros povos, não apenas como resultado do processo de colonização, mas também pelos diversos fluxos de imigração e migração ocorridos ao longo do tempo. Naturalmente, sofremos os efeitos do etnocentrismo, expressos pela ação daqueles que sobre nós exerceram poder e nos dominaram. De posse dos conceitos trabalhados no capítulo anterior, procuraremos agora abordar as consequências do pensamento e das práticas etnocêntricas ao longo de nossa história. Para tanto, realizaremos uma breve e despretensiosa análise sobre a dominação colonial e o processo de escravização de indígenas e africanos.

A escravidão

Na época dos grandes descobrimentos, o pensamento etnocêntrico caminhava de mãos dadas com o discurso e as práticas religiosas. Os missionários atuavam junto dos conquistadores – tinham como missão eliminar os costumes ímpios dos povos colonizados, libertando-os do "poder de satanás" a qualquer custo. Essas posturas, somadas às ideias que se tinham de povos taxados como *primitivos*, fortaleciam a escravização e o subjugo dos povos das terras recém-descobertas.

Na primeira metade do século XV, com o advento da expansão marítima, o pensamento etnocêntrico e o profundo desrespeito aos princípios da alteridade estavam profundamente arraigados. Tinha-se entre os povos europeus a prática da escravização, particularmente dos indígenas e dos africanos.

No que diz respeito às relações estabelecidas entre os colonizadores e os povos indígenas no Brasil, o processo de aculturação imposto pela força colonizadora trouxe consigo marcas genocidas e etnocidas. Proliferaram-se doenças de todo tipo, sendo a mais comum delas a gripe, responsável pela morte de muitos indígenas.

Em dimensão ideológica, promulgaram-se falsos juízos, de caráter etnocêntrico, de forma a tentar a qualquer custo desqualificar as culturas milenares desses povos. A inexistência de sacerdotes e templos, nos moldes da cultura europeia, levou os colonizadores a acreditarem na equivalente inexistência de religião própria, bem como que os deuses indígenas não passavam de construções demoníacas – as quais, segundo eles, deformavam o bem e distorciam diabolicamente o mundo e a natureza. Com esses argumentos, fundamentavam as práticas colonialistas de domesticação e catequização dos indígenas.

Nesse período inicial da formação do Brasil, os africanos escravizados eram capturados e forçados a trabalhar nas plantações ao sul de Portugal e nas minas da Espanha. Outra leva de escravos era destinada ao trabalho doméstico na França e na Inglaterra. Imperava o juízo de que a Europa era o centro da civilização, e os povos originários do continente africano, sujeitos inferiores, passíveis de escravização e subjugo.

Inicialmente, povos indígenas brasileiros eram capturados e escravizados pelos colonizadores portugueses que aqui se instalavam. Posteriormente, observou-se, em comparação com as experiências europeias, que os africanos aqui se adaptariam com mais facilidade. Assim, inicia-se o processo de captura e escravização dos negros para serem trazidos à colônia.

No ano de 1549, o governador-geral Tomé de Souza traz ao Brasil os primeiros padres jesuítas. Em Salvador, capital da colônia, os padres fundam o primeiro bispado. A partir de então, a Igreja Católica passa a expandir-se por diferentes regiões. Desse modo, ao serem fundadas novas vilas, novas capelas eram logo construídas. Em paralelo, adotando as orientações apontadas pelo Concílio de Trento – difundir o catolicismo ao redor do mundo –, os jesuítas dedicam-se à catequização dos indígenas. Nas chamadas *reduções jesuíticas*, os índios aprendiam não apenas os valores da religião católica, mas também a língua portuguesa, o uso de instrumentos para o trabalho em olarias e carpintarias, entre outros aspectos culturais.

Apesar do alto custo do investimento, o tráfico negreiro transformou-se em prática comercial tão lucrativa que ganhou repetidas sofisticações: muitos dos chefes de grupos tribais africanos transformaram-se em aliados de mercadores europeus, facilitando a escravização de sujeitos de seu próprio povo – em troca, por exemplo, de tecidos, joias, tabaco e algodão.

A captura, a escravização e a presença negra na América tem início no ano de 1550, quando a escravidão passa a ser considerada como fator indispensável para êxito da investida colonial, do progresso e da prosperidade dos colonizadores.

A porta de entrada de escravos no Brasil era, nos séculos XVI e XVII, Recife e Salvador, cidades que receberam 700 mil africanos. No século XVIII, o comércio passa a acontecer majoritariamente via Rio de Janeiro e, segundo as estimativas de Afonso Taunay, 1,6 milhão de escravos chegaram na cidade na primeira metade do século XIX (1800-1952) (citado por Conrad, 1985, p. 34).

Do total de africanos capturados e escravizados, somente 40% chegavam às terras brasileiras, uma vez que 60% não resistia à viagem, perdendo suas vidas em alto mar, nos navios negreiros, também denominados *tumbeiros*.

Castro Alves, na obra *Navio negreiro* (1869), assim descrevia os horrores da escravidão e a crueldade do colonizador:

IV

Era um sonho dantesco... o tombadilho/ Que das luzernas avermelha o brilho./ Em sangue a se banhar./ Tinir de ferros... estalar de açoite.../ Legiões de homens negros como a noite,/ Horrendos a dançar...// Negras mulheres, suspendendo às tetas/ Magras crianças, cujas bocas pretas/ Rega o sangue das mães:/ Outras moças, mas nuas e espantadas,/ No turbilhão de espectros arrastadas,/ Em ânsia e mágoa vãs!// E ri-se a orquestra irônica, estridente.../ E da ronda fantástica a serpente/ Faz doudas espirais.../ Se o velho arqueja, se no chão resvala,/ Ouvem-se gritos... o chicote estala./ E voam mais e mais...// Presa nos elos de uma só cadeia,/ A multidão faminta cambaleia,/ E chora e dança ali!/ Um de raiva delira, outro enlouquece,/ Outro, que martírios embrutece,/ Cantando, geme e ri!// No entanto o capitão manda a manobra,/ E após fitando o céu que se desdobra,/ Tão puro sobre o mar,/ Diz do fumo entre os densos nevoeiros:/ "Vibrai rijo o chicote, marinheiros!/ Fazei-os mais dançar!..."/ E ri-se a orquestra irônica, estridente.// E da ronda fantástica a serpente/ Faz doudas espirais.../ Qual um sonho dantesco as sombras voam!.../ Gritos, ais, maldições, preces ressoam!/ E ri-se Satanás!... (Alves, 1997, p. 60)

Logo em sua chegada ao Brasil, os escravos eram exibidos como mercadorias em feiras públicas e submetidos à análise dos compradores. No processo de comercialização, uma das principais regras era a aquisição de escravos de famílias e regiões diferentes, evitando-se assim prováveis rebeliões.

Os escravos eram responsáveis por todo o trabalho braçal das fazendas. Quando não estavam trabalhando, eram presos em senzalas. O rigor do trabalho e as precárias condições de vida reduziam sua longevidade – eles viviam em média dez anos após serem escravizados. Em decorrência do sofrimento e da tristeza de sua condição de servidão, desesperados, muitos se suicidavam ou fugiam mata adentro em busca de refúgio nos quilombos.

Figura 2.1 – Anúncio da fuga do escravo Fortunato: Rio de Janeiro, 18 de outubro de 1854

CRIOULO fugido: desde o dia 18 de outubro de 1854, de nome Fortunato: RS 50U000 de Alviçaras. Rio de Janeiro, RJ: Typ. Universal de Laemmert, 1854. 1 cartaz: imp. tip., p&b;, 32,8 × 23,9cm. Disponível em: http://objdigital.bn.br/objdigital2/acervo_digital/div_iconografia/icon242012/icon242012.jpg. Acesso em: 4 out. 2023.

A abolição da escravatura

Durante o século XVIII, na Época das Luzes, período que antecedeu a Revolução Francesa, o outro, o não-europeu, era desqualificado segundo o juízo de que se caracterizava como um ancestral da civilização – ou seja, sujeito que se encontrava fora da história, da civilização e do ciclo do progresso. A civilização europeia se autoproclamava modelo de humanidade, supremacia da realização do espírito humano. A missão colonizadora era pautada pela "opressão política, pilhagem econômica, destruição maciça das culturas. Massacres memoráveis, rebeliões sufocadas em banhos de sangue não conseguiam despertar a indignação das 'reservas morais' das sociedades que se beneficiavam com a exploração" (Meneses, 1999, p. 22). Aqui se fizeram presentes, com toda a sua força e expressão, o pensamento e as práticas racistas, cuja ideologia de supremacia branca, também chamada de *eurocentrismo*, identificava povos e culturas em duas classes: os primatas superiores e o homem europeu.

Todo o período colonial brasileiro é marcado pela resistência dos escravos. A resistência era simbolizada, em termos de expressão da fé, na macumba[1]. No campo do real, a resistência era marcada pela fuga das fazendas e pela formação de quilombos, comunidades de escravos foragidos que procuravam recons-

---
1 O termo está relacionado às práticas tradicionais do candomblé, que deram origem à umbanda no Brasil, nos moldes que conhecemos na atualidade.

tituir o ambiente de origem dos escravos quando estes ainda viviam na África.

Os quilombos, espalhados por todo o território colonial, eram localizados em locais de difícil acesso. Seus habitantes produziam o necessário para sua subsistência. Além disso, podiam livremente expressar as crenças, as tradições e os costumes africanos.

O quilombo mais conhecido da história foi, sem dúvida, o de Palmares, localizado na Serra da Barriga, no estado de Alagoas. Era composto por mocambos, ou seja, grupos de casebres cobertos por folhas de palmeiras, os quais se estendiam em aproximadamente 27 mil quilômetros. Nesse território, um grupo de aproximadamente 20 a 30 mil homens livres cultivavam milho, feijão, banana, batata-doce e cana-de-açúcar. A produção era tamanha que parte passou a ser vendida para outras comunidades, inclusive para as de colonização portuguesa. Com isso, Palmares passou a ser símbolo da liberdade, servindo como estímulo à rebelião e à fuga.

Figura 2.2 – O Quilombo dos Palmares

Fonte: Pitoresco, 2014.

Após várias tentativas de dominação do quilombo, ao longo de oitenta anos de conflito, durante os quais os quilombolas venceram as lutas contra as investidas de 30 expedições portuguesas, Palmares é atingida e dominada pelo grupo do bandeirante Domingos Jorge Velho, no século XVII – mais precisamente, no ano de 1695.

A consciência antiescravista passou a se disseminar pelo território brasileiro somente com o advento da Independência, em 1822, por influência do pensamento e dos ideais iluministas. Nessa mesma época, uma forte pressão internacional passa a exigir o fim do tráfico de escravos.

Até o fim do século XVIII, a Inglaterra foi considerada como o país que mais praticou o tráfico de escravos em todo o mundo. Em 1833, esse quadro modifica-se significativamente e o país transforma-se no grande defensor da abolição.

O avanço do capitalismo em todo o mundo, após a Revolução Industrial, traz como exigência a valorização do trabalho assalariado, tendo em vista que a classe trabalhadora, além de mão de obra, constituir-se-ia em consumidora de bens e serviços. O consumo ocupa o espaço da escravidão – dado que os escravos não tinham poder de compra, eram considerados um estorvo para a circulação de mercadorias e capital.

Cinco anos após a aprovação de uma lei inglesa, denominada *Bill Aberdeen*, que atribuía poderes para que a esquadra britânica prendesse navios negreiros e julgasse seus tripulantes, o Brasil aprovou (em 1850) a Lei Eusébio de Queirós, que extinguiria o tráfico negreiro.

Os Estados Unidos aboliram a escravatura em 1865 – à época, apenas Brasil e Cuba mantinham o regime de escravidão em seus territórios. Com o agravamento de situações socioeconômicas e por pressões internacionais, no ano de 1871 o Brasil declara a liberdade de todos os escravos nascidos após a assinatura da Lei do Ventre Livre.

Encarada como uma "brincadeira de profundo mau gosto", no ano de 1885 o Brasil aprova uma lei que declarava libertos os escravos com idade superior a 60 anos. Tal lei, denominada

Lei dos Sexagenários, era tão descabida que sequer levava em consideração o fato de que a vida média dos escravos adultos, a partir do momento em que se submetiam ao trabalho escravo, era de dez anos.

A extinção oficial da escravatura no Brasil ocorre somente no ano de 1888, quando a Princesa Isabel assina a Lei Áurea. Tal medida, porém, não considerou as implicações que a liberdade trazia. Não previa, por exemplo, a empregabilidade dos escravos no novo regime de trabalho, sequer sua sobrevivência. O imaginário social brasileiro ainda estava fortemente marcado pela imagem do negro escravo, o que provocou a manutenção do preconceito e da discriminação étnica.

Relações de poder e diversidade cultural

A diversidade cultural entre povos latino-americanos foi, desde o início da colonização, marcada pela dominação europeia e pela negação das diferenças. No caso brasileiro, em particular, além da convivência, dos encontros e choques culturais entre europeus, africanos e ameríndios durante os séculos, houve, no início do século XX, um intenso fluxo migratório, que trouxe para o Brasil imigrantes alemães, italianos, suíços, entre outros povos. Esse processo esteve diretamente relacionado à política racial. Segundo o pensamento de seus idealizadores, a ordem era "branquear" o país de mulatos. Assim, contrastando-se às oportunidades dadas aos povos africanos, os imigrantes europeus receberam vantagens de acesso à terra e ao emprego. Eis aí mais uma razão da enorme dívida social da sociedade brasileira para com africanos e afrodescendentes, antes vistos como escravos e cuja força produtiva foi brutalmente explorada (Candau, 2002, p. 59).

A postura etnocêntrica e etnocida adotada pelos colonizadores não levou em consideração o fato de que cada cultura, cada grupo social é portador de seus próprios padrões, valores e normas de conduta. Em cada contexto sociocultural, é possível identificarmos reações psicológicas específicas para cada fenômeno, assim como convenções estabelecidas, por meio das quais é possível conceituar e diferenciar o certo e o errado, o bem e o mal, o belo e o feio, além de concepções de justiça e injustiça.

Nesse sentido, Silva (2013) afirma que, em paralelo a processos de diferenciação (identidade e diferença), encontram-se enfatizadas as relações de poder. No nosso caso, em especial, muito embora o uso da força tenha conseguido escravizar os homens que vinham da África, não foi capaz de eliminar completamente suas culturas.

Em situações de contato, culturas "simples" e isoladas podem, no processo de aculturação, modificar-se ou até mesmo desaparecer. Nesses casos, uma cultura estabelece relação de dominação sobre a outra, subordinando-a. Isso pode ocorrer pela força de interesses econômicos e/ou pelo poder político demonstrado por um grupo em relação ao outro.

Contudo, a resistência africana foi tanta que a cultura dos povos aqui escravizados não foi apenas preservada: por seu dinamismo e força, passou a ser incorporada na identidade do povo brasileiro e em nossos costumes e hábitos cotidianos.

Nesse tipo de análise, não podemos ser ingênuos: devemos reconhecer que, embora tal incorporação tenha ocorrido – como se pode comprovar em nossos hábitos alimentares e em expressões culturais como a dança, a música, a arte e a religião –, ainda assim a correlação de forças estabelecida foi tão significativa e marcante que o poder do colonizador foi dominante, discriminando e nivelando[2] a cultura negra abaixo do que seria considerado uma cultura erudita – ou seja, aquela produzida, replicada e defendida pelos que detinham e detêm o poder em nossa sociedade.

Embora estejamos constantemente lutando por igualdade, devemos lembrar que não somos iguais. Cada grupo social carrega consigo características próprias que devem ser conhecidas e respeitadas. Tais diferenças, como vimos até aqui, são muitas vezes razão de conflitos. Na tentativa de atenuar ou mascarar diferenças, a sociedade lança mão de regras e do uso da força, de modo a controlar determinados grupos. Essa realidade deve ser balanceada com a consciência da diversidade cultural em toda sua relevância.

---

[2] Vale aqui relembrar que culturas são dinâmicas e que não existem culturas superiores ou inferiores. Por esse motivo, cada cultura e cada grupo social deve ser compreendido em suas particularidades, ou seja, no contexto em que vive e se desenvolve.

SÍNTESE

Na época dos grandes descobrimentos, o pensamento etnocêntrico estava tão presente quanto o discurso e as práticas religiosas. Os missionários tinham como missão eliminar os costumes ímpios dos povos colonizados. No ano de 1549, chegam ao Brasil os primeiros padres jesuítas que se dedicam à catequização dos indígenas. A captura, a escravização e a presença negra na América têm início no ano de 1550, quando a escravidão passa a ser considerada como fator indispensável para êxito da investida colonial, do progresso e da prosperidade dos colonizadores.

O período colonial brasileiro é marcado pela resistência dos escravos, pela fuga das fazendas e pela formação de quilombos, comunidades de escravos foragidos que procuravam reconstituir seu ambiente de origem. Os quilombos ficavam localizados em locais de difícil acesso. O mais conhecido da história foi Palmares, localizado na Serra da Barriga, no estado de Alagoas. Cultivavam milho, feijão, banana, batata-doce e cana-de-açúcar. O avanço do capitalismo em todo o mundo, após a Revolução Industrial, trouxe como exigência a valorização do trabalho assalariado. O consumo ocupou o espaço da escravidão – dado que os escravos não tinham poder de compra, eram tidos como estorvo para a circulação de mercadorias e capital.

O Brasil aprova, em 1850, a Lei Eusébio de Queirós, que extinguiria o tráfico negreiro. Os Estados Unidos aboliram a escravatura em 1865 – à época, apenas Brasil e Cuba mantinham o regime de escravidão em seus territórios. Com o agravamento de situações socioeconômicas e por pressões internacionais, no ano de 1871 o Brasil declara a liberdade de todos os escravos nascidos após a assinatura da Lei do Ventre Livre.

A extinção oficial da escravatura no Brasil ocorre somente no ano de 1888, quando a Princesa Isabel assina a Lei Áurea. Porém, a lei não previa a empregabilidade dos escravos no novo regime de trabalho, sequer sua sobrevivência.

No início do século XX, um intenso fluxo migratório trouxe para o Brasil imigrantes alemães, italianos, suíços, entre outros povos. Esse processo esteve diretamente relacionado à política racial, cuja ordem era "branquear" o país de mulatos. Contrastando-se às oportunidades dadas aos povos africanos, os imigrantes europeus tiveram vantagens de acesso à terra e ao emprego.

INDICAÇÕES CULTURAIS

ANDRADE, M. **Macunaíma**: São Paulo: Martins, 1928.

MACUNAIMA. Direção: Joaquim Pedro de Andrade. Brasil: Eduardo Scorel, 1969. 110 min.

Macunaíma é uma obra de Mário de Andrade. Apresenta lendas, mitos indígenas e folclóricos, por meio da história de vida de um personagem que simboliza uma nação. A cena em que Macunaíma e seus dois irmãos se banham na água que embranquece pode ser entendida como o símbolo das três etnias que formaram o Brasil: o branco, vindo da Europa; o negro, trazido como escravo da África; e o índio nativo.

QUANTO vale ou é por quilo? Direção: Sérgio Bianchi. Brasil, 2005. 104 min.

Este filme foi feito com base em conto de Machado de Assis e conta uma história comum nos tempos da escravatura. A reflexão que fazemos ao ver o filme leva-nos a comparar a nossa situação de trabalho, cotidiana, à situação de opressão e escravidão do século XIX. Naquela época, os homens eram mercadorias comercializadas, além de mão de obra para a produção agrícola e trabalhos domésticos, e a história retrata a vida de um capitão do mato e sua prisioneira, fugida e grávida; hoje, a sociedade é vítima de sistemas de exploração, e a história nos retrata uma funcionária de ONG que identifica a corrupção em seu trabalho e ainda um desempregado que se torna matador de aluguel para sustentar a família, que está para aumentar.

GANGA ZUMBA. Direção: Cacá Diegues. Brasil, 1964. 100 min.

O filme de Cacá Diegues retrata a vida do primeiro grande líder do Quilombo de Palmares, Ganga Zumba, avô do mitológico Zumbi dos Palmares. Baseado em um livro de mesmo nome de João Felício dos Santos, o filme retrata a história de Antão, jovem escravo que ouve um dia a história de sua mãe, que havia sido rainha na sua terra, e que ele estava destinado a ser rei. Depois, ele escuta de um sábio idoso que havia na serra um reino protegido por Oxóssi, a divindade da caça, que se chamava Palmares. Após fugir do cativeiro junto com os escravos mais velhos e um pequeno grupo, Ganga Zumba enfrenta diversos perigos, traições e aventuras até se tornar o primeiro grande rei do Quilombo de Palmares.

BRASIL: uma história inconveniente. Direção: Phil Grabsky. Inglaterra, 2000. 46 min. Disponível em: <http://www.youtube.com/watch?v=t82IsT4A0UY>. Acesso em: 10 maio 2014. O documentário instiga uma reflexão sobre as desigualdades sociais no Brasil, do descobrimento aos dias atuais. Ao tratar da exclusão social, enfatiza-se a condição dos miseráveis e excluídos da democracia e do Estado de Direito, incluindo a forma como os povos indígenas, africanos e afrodescendentes foram e têm sido tratados no país.

ATIVIDADES DE AUTOAVALIAÇÃO

1. Assinale (V) para verdadeiro e (F) para falso:
   ( ) O processo de aculturação imposto pela força colonizadora trouxe consigo as noções de progresso e desenvolvimento, e estas foram responsáveis pelo avanço das práticas de saúde, reduzindo riscos de doenças anteriormente responsáveis pela morte de muitos indígenas.
   ( ) A Europa era o centro da civilização, e os povos originários do continente africano, sujeitos inferiores, passíveis de escravização e subjugo.
   ( ) Nas chamadas *reduções jesuíticas*, os índios aprendiam não apenas os valores da religião católica, mas também a língua portuguesa, o uso de instrumentos para o trabalho em olarias e carpintarias, entre outros aspectos culturais. Eles viviam em harmonia e em regime de total liberdade. As reduções jesuíticas tornaram-se referência para as escolas da colônia.
   ( ) Do total de africanos capturados e escravizados, somente 40% chegavam às terras brasileiras, uma vez que 60% não

resistia à viagem, perdendo suas vidas em alto mar, nos navios negreiros, também denominados *tumbeiros*.

( ) No século XVIII, a missão colonizadora era pautada por opressão política, pilhagem econômica e destruição maciça das culturas.

2. O quilombo mais conhecido da história foi, sem dúvida, o de Palmares. Onde estava localizado?
   a) Na Serra da Barriga, no Estado de Alagoas.
   b) Em Cerro Azul, no Estado do Paraná.
   c) Na Serra da Mantiqueira, no Estado de São Paulo.
   d) No cerrado, onde atualmente se localiza o Distrito Federal.

3. A cultura dos povos africanos aqui escravizados foi preservada em decorrência da resistência, do dinamismo e da força demonstrados ao longo da história. Essa cultura foi incorporada na identidade do povo brasileiro e em nossos costumes, hábitos cotidianos e tradições. Dos aspectos culturais a seguir, indique aquele que **não** tem relação com a afirmação anterior:
   a) A festa do Divino Espírito Santo.
   b) O samba e a feijoada.
   c) A capoeira.
   d) Maculelê e maracatu.

4. (ENEM – 2012) "Torna-se claro que quem descobriu a África no Brasil, muito antes dos europeus, foram os próprios africanos trazidos como escravos. E esta descoberta não se restringia apenas ao reino linguístico, estendia-se também a outras áreas culturais, inclusive à da religião. Há razões para pensar que os africanos, quando misturados e transportados ao Brasil, não demoraram em perceber a existência entre si de

elos culturais mais profundos." (SLENES, R. Malungu, ngoma vem! África coberta e descoberta do Brasil. **Revista USP**, n. 12, dez./fev. 1991-1992 – Adaptado)

Com base no texto, ao favorecer o contato de indivíduos de diferentes partes da África, a experiência da escravidão no Brasil tornou possível a

a) formação de uma identidade cultural afro-brasileira.
b) superação de aspectos culturais africanos por antigas tradições europeias.
c) reprodução de conflitos entre grupos étnicos africanos.
d) resistência à incorporação de elementos culturais indígenas.

5. "Só existe generosidade na medida em que percebo o outro como outro e a diferença do outro em relação a mim. Então sou capaz de entrar em relação com ele pela única via possível, [...] a via do amor, se quisermos usar uma expressão evangélica; a via do respeito, se quisermos usar uma expressão ética; a via do reconhecimento dos seus direitos, se quisermos usar uma expressão jurídica; a via do resgate do realce da sua dignidade como ser humano, se quisermos usar uma expressão moral. Ou seja, isso supõe a via mais curta da comunicação humana, que é o diálogo e a capacidade de entender o outro a partir da sua experiência de vida e da sua interioridade" (Betto, 2000, p. 8). No texto anterior, Frei Betto refere-se à nossa capacidade de aprender sobre o outro e com o outro, respeitando seus direitos e valorizando suas diferenças. Essa capacidade, ou princípio, é o que chamamos de

a) alteridade.
b) identidade.
c) relativismo cultural.
d) cultura.

ATIVIDADES DE APRENDIZAGEM

QUESTÕES PARA REFLEXÃO

O antropólogo e educador Darcy Ribeiro, ao analisar a história do Brasil e do povo brasileiro, assim diz: "O Brasil, último país a acabar com a escravidão, tem uma perversidade intrínseca na sua herança, que torna a nossa classe dominante enferma de desigualdade, de descaso" (Ribeiro, 1995). Com base nessa afirmação e nos conceitos até aqui trabalhados, selecione e analise matérias publicadas em revistas e jornais que ilustrem situações de preconceito e discriminação étnico-racial. Depois, responda às seguintes questões:

1. Diante de uma realidade acentuadamente marcada pelo preconceito, quais ações governamentais e não governamentais podem ser definidas como afirmativas e por que contribuem para a tomada de consciência da população sobre essa problemática?

2. Por que as políticas públicas voltadas para a redução de desigualdades sociais no Brasil – como é o caso da política de cotas raciais, cotas de gênero sexual e cotas socioeconômicas – são muitas vezes vistas com descaso pela população?

ATIVIDADE APLICADA: PRÁTICA

Leia os textos a seguir (*Navio negreiro* e *I-Juca-Pirama*) e reflita sobre a situação vivida pelos povos indígenas e africanos, tomando como referência os conceitos até aqui trabalhados.

Em seguida, produza um texto enfatizando a exclusão social, as desigualdades e o preconceito na sociedade brasileira atual.

Navio negreiro, **de Castro Alves**

V

Senhor Deus dos desgraçados!/ Dizei-me vós, Senhor Deus!/ Se é loucura... se é verdade/ Tanto horror perante os céus?!/ Ó mar, por que não apagas/ Co'a esponja de tuas vagas/ De teu manto este borrão?.../ Astros! noites! tempestades!/ Rolai das imensidades!/ Varrei os mares, tufão!/ Quem são estes desgraçados/ Que não encontram em vós/ Mais que o rir calmo da turba/ Que excita a fúria do algoz?/ Quem são? Se a estrela se cala,/ Se a vaga à pressa resvala/ Como um cúmplice fugaz,/ Perante a noite confusa.../ Dize-o tu, severa Musa,/ Musa libérrima, audaz!.../ São os filhos do deserto,/ Onde a terra esposa a luz./ Onde vive em campo aberto/ A tribo dos homens nus.../ São os guerreiros ousados/ Que com os tigres mosqueados/ Combatem na solidão./ Ontem simples, fortes, bravos./ Hoje míseros escravos,/ Sem luz, sem ar, sem razão./ São mulheres desgraçadas,/ Como Agar o foi também./ Que sedentas, alquebradas,/ De longe... bem longe vêm.../ Trazendo com tíbios passos,/ Filhos e algemas nos braços,/ N'alma – lágrimas e fel.../ Como Agar sofrendo tanto,/ Que nem o leite de pranto/ Têm que dar para Ismael./ Lá nas areias infindas,/ Das palmeiras no país,/ Nasceram crianças lindas,/ Viveram moças gentis.../ Passa um dia a caravana,/

Quando a virgem na cabana/ Cisma da noite nos véus.../... Adeus, ó choça do monte,/... Adeus, palmeiras da fonte!.../... Adeus, amores... adeus!.../ Depois, o areal extenso.../ Depois, o oceano de pó. Depois no horizonte imenso/ Desertos... desertos só.../ E a fome, o cansaço, a sede.../ Ai! quanto infeliz que cede,/ E cai p'ra não mais s'erguer!.../ Vaga um lugar na cadeia,/ Mas o chacal sobre a areia/ Acha um corpo que roer./ Ontem a Serra Leoa,/ A guerra, a caça ao leão,/ O sono dormido à toa/ Sob as tendas d'amplidão!/ Hoje... o porão negro, fundo,/ Infecto, apertado, imundo,/ Tendo a peste por jaguar.../ E o sono sempre cortado/Pelo arranco de um finado,/ E o baque de um corpo ao mar.../Ontem plena liberdade,/ A vontade por poder.../ Hoje... cúm'lo de maldade,/ Nem são livres p'ra morrer./ Prende-os a mesma corrente/ – Férrea, lúgubre serpente –/ Nas roscas da escravidão./ E assim zombando da morte,/ Dança a lúgubre coorte/ Ao som do açoute... Irrisão!.../ Senhor Deus dos desgraçados!/ Dizei-me vós, Senhor Deus,/ Se eu deliro... ou se é verdade/ Tanto horror perante os céus?!.../ Ó mar, por que não apagas/ Co'a esponja de tuas vagas/ Do teu manto este borrão?/ Astros! noites! tempestades!/ Rolai das imensidades!/ Varrei os mares, tufão! (Alves, 1869)

I-Juca-Pirama, de **Gonçalves Dias**

IV

Meu canto de morte,/ Guerreiros, ouvi:/ Sou filho das selvas,/ Nas selvas cresci;/ Guerreiros, descendo/ Da tribo tupi./ Da tribo pujante,/ Que agora anda errante/ Por fado inconstante, Guerreiros, nasci;/ Sou bravo, sou forte,/ Sou filho do Norte;/ Meu canto de morte,/ Guerreiros, ouvi./ Já vi cruas brigas,/ De tribos imigas,/ E as duras fadigas/ Da guerra/ Provei;/ Nas ondas mendaces/ Senti pelas faces/ Os silvos/ Fugazes/ Dos ventos que amei./ Andei longes terras/ Lidei cruas guerras,/Vaguei pelas serras/ Dos vis Aimoréis;/ Vi lutas de bravos,/ Vi fortes – escravos!/ De estranhos ignavos/ Calcados aos pés./ E os campos talados,/ E os arcos quebrados,/ E os piagas coitados/ Já sem maracás;/ E os meigos cantores,/ Servindo a senhores,/ Que vinham/ Traidores,/ Com mostras de paz./ Aos golpes do imigo,/ Meu último amigo,/ Sem lar, sem abrigo/ Caiu junto a mi!/ Com plácido rosto,/ Sereno e composto,/ O acerbo desgosto/Comigo sofri./ Meu pai a meu lado/ Já cego e quebrado,/ De penas ralado,/ Firmava-se em mi:/ Nós ambos, mesquinhos,/ Por ínvios caminhos,/ Cobertos d'espinhos/ Chegamos aqui! (Dias, 1851)

3
Racismo e preconceito

Da mesma forma que a identidade, a diferença é, nesta perspectiva, concebida como autoreferenciada, como algo que remete a si própria. A diferença, tal como a identidade, simplesmente existe. É fácil compreender, entretanto, que identidade e diferença estão em uma relação de estreita dependência. A forma afirmativa como expressamos a identidade tende a esconder essa relação. Quando digo "sou brasileiro" parece que estou fazendo referência a uma identidade que se esgota em si mesma. "Sou brasileiro" – ponto. Entretanto, eu só preciso fazer essa afirmação porque existem outros seres humanos que não são brasileiros.

(Silva, 2013)

Como vimos, as condições históricas a que os povos indígenas e africanos foram submetidos no Brasil estavam calcadas em relações de dominação e controle carregadas de postura etnocêntrica. Relações sociais injustas e desiguais marcam a nossa história desde o "descobrimento" das terras brasileiras. Fomos o último país a abolir a escravidão, e depois disso instituímos relações de trabalho e poder que continuaram a sustentar desigualdades sociais.

O processo histórico vivido pela sociedade brasileira e aqui brevemente descrito demonstra que as visões e práticas etnocêntricas que sustentaram a escravidão são também responsáveis pela manutenção de desigualdades sociais, políticas e econômicas presentes na sociedade atual. Nesse sentido, Gonzales e Domingos (2005, p. 43) alertam para o fato de que o não reconhecimento das diferenças tem contribuído para a negação da emancipação, levando crianças e jovens de classes sociais economicamente carentes à repetência e ao abandono escolar.

Assim, se por um lado observamos a abolição dos princípios da escravatura, por outro encontramos marcas históricas ainda presentes em atitudes cotidianas caracterizadas pelo preconceito e pela discriminação.

Pressupostos

Como já citado, o relativismo cultural nos mostra que cada cultura, cada grupo social é portador de seus próprios padrões, valores e normas de conduta. Em cada contexto sociocultural, identificamos reações psicológicas específicas para cada fenômeno, assim como convenções estabelecidas, por meio das quais é possível conceituar e diferenciar o certo e o errado, o bem e o mal, o belo e o feio, a justiça e a injustiça. Por esse motivo, a antropologia, por intermédio do conceito de *relativismo cultural*, confirma que cada cultura deve ser compreendida de acordo com seus próprios padrões.

Assim, a diversidade cultural deve ser respeitada, uma vez que cada sistema cultural é portador de uma coerência interna que lhe é característica. O relativismo cultural implica a necessidade de um encontro e de um diálogo respeitáveis entre culturas distintas, refutando argumentos inquestionáveis que tentam explicar e justificar tudo.

De acordo com o relativismo cultural, entendemos que qualquer elemento presente em uma cultura apresenta relações com os demais elementos constitutivos daquela mesma cultura. Cada elemento faz sentido em função do conjunto, do contexto e da posição por ele ocupada.

Também é preciso compreender que nenhuma cultura tem caráter absoluto; não há características que representem, em si e por si, a perfeição. Determinado aspecto será certo e bom para a sociedade que o vivencia e na medida em que nela se realiza e se exprime.

De posse desses conceitos, vamos agora discutir sua aplicação no que diz respeito às questões étnicas presentes em um país plural como o Brasil – ainda que sua história, como vimos, seja marcada por práticas etnocêntricas, capazes de escravizar, subjugar povos e reprimir expressões culturais com o intuito de controlar, explorar e dominar. Para tanto, vamos aprofundar a discussão sobre os termos *raça* e *etnia*, principalmente no que diz respeito a suas implicações no cotidiano.

Diversidade étnica – raça e etnia

A diversidade étnica brasileira pode ser demonstrada pelos dados do último censo, realizado pelo Instituto Brasileiro de Geografia e Estatística (IBGE). Aponta o censo que, dos 191 milhões de brasileiros, 47,7% (91 milhões) declararam ser da raça branca, 15 milhões disseram ser pretos, 82 milhões, pardos, 2 milhões, amarelos e 817 mil, indígenas; como se pode observar na figura a seguir.

Figura 3.1 – População por cor/raça segundo o IBGE

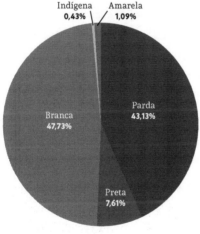

Fonte: IBGE, 2010.

A composição populacional brasileira é tão heterogênea que faz com que o país desconheça-se a si mesmo. Por isso, acabam por prevalecer no ambiente escolar "vários estereótipos, tanto regionais quanto em relação a grupos étnicos, sociais e culturais" (Brasil, 1997).

Sem sombra de dúvida, a própria constituição de realidades socioculturais e regionais distintas demanda que estejamos atentos à diversidade sociocultural e às teorias que a explicam.

Temos claro que a submissão dos indivíduos ao poder de alguns, a defesa da homogeneidade e, ao mesmo tempo, a reprodução da ideia de inferioridade são produtos das condições históricas nas quais diferentes agrupamentos humanos e sociedades viveram durante séculos. Dentre essas, Boaventura Sousa Santos destaca

> As guerras, a escravatura, o genocídio, o racismo, a desqualificação, a transformação do outro em objeto ou recurso natural e uma sucessão de mecanismos de imposição econômica (tributação, colonialismo neoliberalismo, e, por último, globalização neoliberal), de imposição política (cruzadas, império, estado colonial, a ditadura e, por último, democracia) e de imposição cultural (epistemicídio, missionação, assimilacionismo, e, por último, indústrias culturais e culturas de massas) (Santos, 2002, p. 23)

Para Sousa Santos, o processo de colonização – e a consequente dominação vivida tanto pela sociedade brasileira quanto por outros povos colonizados pela Europa – não reconheceu a igualdade, os direitos e a dignidade dos povos descobertos. Como podemos observar, o princípio da alteridade, o relativismo cultural e o respeito à diversidade não estiveram presentes nas práticas e nas relações sociais ali estabelecidas.

É preciso ter claro que a existência de grupos minoritários em nossa sociedade é decorrente da presença de um ou mais grupos dominantes que se encontram num *status* social elevado, desfrutando de privilégios. Em decorrência disso, "o status de minoria carrega consigo a exclusão de participação plena na vida social que é privilégio do grupo hegemônico" (Candau, 2002, p. 77). Isso pode ser facilmente compreendido se considerarmos nossa história e todas as situações anteriormente descritas, quando indígenas e africanos foram vitimizados por práticas etnocêntricas, decorrentes do eurocentrismo e da ganância dos colonizadores europeus e que culminaram na escravidão.

Muitas vezes, os termos *raça* e *etnia* são utilizados como sinônimos. Tal equívoco conceitual ocorre em razão da associação entre esses termos. Assim, é importante considerar que, ao nos referirmos à palavra *raça*, estamos a ela vinculando aspectos morfológicos (como cor de pele, constituição física, estatura, entre outros).

Roque de Barros Laraia (2002) comenta que os estudos antropológicos têm demonstrado que as diferenças genéticas não determinam as diferenças culturais – ou seja, independentemente do biótipo, podemos ser educados em qualquer contexto cultural, visto que nosso comportamento cultural é produto de um profundo processo de aprendizagem, denominado *endoculturação*. Esse pensamento coloca em questão o determinismo biológico, assim como as teorias que atribuem qualidades inatas a raças e agrupamentos humanos.

Nossas características físicas não são capazes de determinar diferenças significativas entre nós e os demais seres humanos. O **determinismo biológico** contribui com processos de discriminação e preconceito, como demonstra Laraia, ao afirmar que

> Muita gente ainda acredita que os nórdicos são mais inteligentes do que os negros; que os alemães têm mais habilidade para mecânica; que os judeus são avarentos e negociantes; que os norte-americanos são empreendedores e interesseiros; que os portugueses são muito trabalhadores e pouco inteligentes; que os japoneses são trabalhadores traiçoeiros e cruéis; que os ciganos são nômades por instinto, e, finalmente, os brasileiros herdam a preguiça dos negros, a imprevidência dos índios e a luxúria dos portugueses. (Laraia, 2002, p. 17)

Uma corrente de pensamento contrária, denominada **determinismo geográfico,** afirma que o comportamento humano está condicionado a diferenças climáticas e geográficas.

Nascida no fim do século XIX e início do século XX, as teorias do determinismo geográfico foram refutadas pelos estudos desenvolvidos por Franz Boas, em sua obra *A mente do ser primitivo* (1938), com a crítica à **ortogênese** (crença na modificação individual, proveniente de causa interna, que sofre um organismo vivo, sem que entre em jogo a adaptação), que predominava no pensamento científico da época e Alfred Louis Kroeber (em seu artigo "O superorgânico", de 1917), seu discípulo, que mostrava a cultura como sistema independente da natureza, ou seja, tem evolução própria e desatrelada dela. Esses antropólogos demonstraram que, em um mesmo ambiente físico, podemos encontrar grande diversidade cultural.

Desse modo, Laraia afirma que as diferenças existentes em sociedades humanas distintas não podem ser explicadas por limitações impostas por suas condições biológicas ou pelo ambiente em que vivem. Nesse sentido, o autor diz que a maior qualidade da espécie humana é sua capacidade de romper com suas limitações:

> um animal frágil, provido de insignificante força física, dominou toda a natureza e se transformou no mais temível dos predadores. Sem asas, dominou os ares; sem guelras ou membranas próprias, conquistou os mares. Tudo isto porque difere dos outros animais por ser o único que possui cultura. (Laraia, 2002, p. 24)

Cada sociedade e cada grupo étnico em particular é regido por mitos, ritos, cultos, hábitos e costumes que configuram as regras de convivência social. As sociedades apresentam uma maneira própria de ser e de estar – e é precisamente isso que se convencionou chamar *cultura*. Esse mesmo conceito, que contribui para que possamos elucidar os conceitos de raça e etnia, também está presente no discurso e nas práticas de grupos que insistem na manutenção do termo *raça*, hoje refutado pela biologia. O termo foi ideologicamente utilizado do século XIX ao XX com o propósito de diferenciar as populações por meio de critérios fenotípicos.

Estudos sociológicos apontam para o fato de que "a importância do conceito de raça não é a sua precisão do ponto de vista biológico, mas a sua realidade social, ou seja, se as pessoas acreditam e agem em função do que se entende do conceito de raça" (Dias, 2005, p. 174).

Vale observar que o polêmico conceito de raça perde sua conceituação original a partir do momento em que a biologia comprova que as diferenças genéticas entre os seres humanos são mínimas; assim, a ideia de que a humanidade é constituída por raças não mais se sustenta. Opondo-se a essa visão, alguns setores da sociedade ressignificaram o conceito de raça, atestando que este é reflexo de uma tensão presente nas relações entre brancos, negros e indígenas. Na concepção desses grupos, o termo *raça* carrega consigo uma forte conotação política e serve para informar, influenciar, interferir e determinar o destino e o lugar social ocupado por sujeitos portadores de determinadas características físicas, como cor da pele, tipo de cabelo, entre outras.

Pela perspectiva sociológica, o termo *raça* pode ser utilizado para tratar de grupos populacionais que compartilham de certas características físicas herdadas, com base nas quais os indivíduos se identificam. Tais características físicas levam as pessoas a assumirem comportamentos comuns que as identificarão como parte de um grupo em particular.

Com referência à nossa nação, a sociedade brasileira fez uso intensivo do termo *raça* durante o século XIX, com o intuito de oferecer privilégios à população de cor branca e justificar o atraso social e econômico de algumas regiões do país.

Embora tenha sido colocado em desuso pela medicina, que considerou o conceito equivocado – como já apontamos –, ele ainda persiste de maneira elitista e preconceituosa no imaginário social brasileiro.

> "Na verdade, raça, no Brasil jamais foi um termo neutro; ao contrário, associou-se com frequência a uma imagem particular do país. Muitas vezes, na vertente mais negativa de finais [sic] do século XIX, a mestiçagem existente no país parecia atestar a falência da nação" (Schwarcz, 1998, p. 177).

A palavra *etnia*, por sua vez, é derivada do grego *ethnos* (εθνος – povo, conforme Strong, 2002, p. 1312). Como conceito, ela abarca os fatores culturais de um povo, dentre os quais destacam-se:

- a língua;
- a religião;
- as tradições;
- as afinidades linguísticas e culturais.

Esses elementos definem e constituem determinada comunidade humana e, por isso, são levados em conta no estudo das etnias.

Conceituando *grupos étnicos*, Dias (2005) afirma que estes são caracterizados por um senso de identidade de grupo que se pauta por padrões culturais distintos e compartilhados, além de uma ancestralidade comum.

Cada grupo étnico tem uma origem comum – sua história é construída e transmitida de geração a geração por meio da língua, sendo esta considerada um dos elementos principais para a sua classificação.

Preconceito e racismo

Por meio da comunicação e da cultura, cada grupo étnico se desenvolve, acumula e transmite suas experiências de vida e sua herança cultural ao longo das gerações, desde os tempos mais antigos até as sociedades atuais. É também por meio da comunicação que expressamos nossa aceitação, além dos sentimentos de pertencimento e de repulsa em relação aos demais grupos sociais com os quais convivemos. A repulsa à diferença é o que denominamos *preconceito*.

O preconceito se constitui na atitude e no pensamento desfavoráveis, demonstrados por indivíduos ou grupos em relação a outros. Como a própria palavra indica, o preconceito toma por base julgamentos emocionais e sem fundamento; constitui-se em atitudes negativas em relação a grupos vitimizados por estereótipos sociais injustos.

Enquanto o preconceito se constitui em atitude e pensamento, sua expressão, verbalização e ação deliberadas e intencionais em relação ao outro constituem-se em discriminação. Essa é a manifestação pública e expressa do preconceito.

Acerca dessa questão, Dias afirma que

> O preconceito transforma-se em um problema quando um prejulgamento torna-se imutável mesmo depois que fatos mostram que ele está incorreto. Prejulgamentos contra minorias étnicas e raciais são sempre atitudes que foram aprendidas. Ninguém nasce com preconceito. Ele é aprendido através da experiência

social, no processo de socialização. As pessoas o adquirem dos pais, na escola, na igreja, dos amigos ou dos livros que leu ou dos filmes aos quais assistiu. Qualquer cultura pode construir um sistema baseado em preconceitos. (Dias, 2005, p. 177)

As vítimas do preconceito e da discriminação são levadas à exclusão social e à marginalização; logo, seus direitos como cidadãos passam a ser desrespeitados. Dias (2005) alerta que existem padrões radicais de exclusão, nos quais o preconceito e a discriminação são altamente organizados e focados, podendo constituir-se em política deliberada e consentida pela sociedade.

Do mesmo modo, com armas e vestes etnocêntricas e em oposição ao relativismo cultural, o *racismo* se constitui num modo de discriminar os representantes de um grupo étnico, tendo por base motivos raciais, tais como a cor da pele ou outras características físicas.

Atitudes racistas levam as pessoas a sentirem-se ilusoriamente superiores a outras. Desse modo, práticas racistas têm como finalidade intencional o descaso ao direito à diferença e a anulação dos direitos humanos de pessoas e grupos étnicos discriminados.

O pensamento racista refere-se a uma conduta ideológica, etnocêntrica por excelência, que se baseia no princípio de que uma raça ou etnia pode ser encarada como superior a outras raças ou etnias. Ou seja, o racismo constitui-se em uma ideologia que apregoa a existência de uma hierarquia entre grupos raciais, na qual, segundo Abbagnano, "todas as manifestações histórico-sociais do homem e os seus valores (ou desvalores) dependem da raça; também segundo essa doutrina existe uma raça superior ('ariana' ou 'nórdica') que se destina a dirigir o gênero humano" (Abbagnano, 1982, p. 790). A doutrina mencionada é atribuída ao francês Gobineau e tinha como propósito defender a aristocracia contra a democracia (1853-1855).

Um exemplo claro desse princípio ideológico aconteceu no início do século XX, quando Houston Stewart Chamberlain, um inglês naturalizado alemão, difundiu o mito do arianismo na Alemanha, identificando a raça alemã como a raça superior, em obras como *Os fundamentos do século XIX*, de 1899 (citado por Cordeiro, 2011, p. 5-9).

Essa doutrina, também denominada de *determinismo racial*, fez com que o antissemitismo fosse difundido na Alemanha, transformando-se em base de sustentação da política suicida de Adolph Hitler.

De acordo com Abbagnano, o racismo, independentemente de onde se realiza e qualquer que seja sua justificativa, caracteriza-se como um tipo de comportamento e prática cuja análise se insere no campo da psiquiatria, uma vez que pode ser definido como a arte de explorar para fins pessoais um preconceito preexistente.

> Trata-se neste caso de um preconceito extremamente pernicioso porque contradiz e impede o encaminhamento moral da humanidade para a integração universalista e porque transforma os valores humanos (a começar pela verdade) em fatos arbitrários que, por expressarem a força vital da raça, não têm substância própria e podem ser livremente manipulados com fins violentos ou abjetos. (Abbagnano, 1982, p. 791)

Ao longo da história da humanidade, podemos identificar, em diferentes momentos, a presença de pensamentos e de práticas racistas. Tais práticas tentaram justificar tanto o genocídio quanto o etnocídio[1] de diferentes povos e afrontaram em diferentes graus a dignidade humana. Dentre elas, ganham destaque não apenas o holocausto nazista contra os judeus, mas também a escravidão e o subjugo de povos africanos e indígenas no Brasil. Sentimentos de ódio, hostilidade e repugnância estão sempre presentes nas práticas racistas.

Analisando a identidade e as relações étnico-raciais no Brasil, Maria Batista Lima (2008) faz menção a pesquisas cujos resultados apontam que o racismo apresenta características que podem ser discriminadas por meio de categorias de análise, assim definidas: autoria, ambiguidade, irresponsabilidade e oralidade. Com base no conteúdo apresentado pela autora, elaboramos o quadro a seguir, apontando cada uma dessas características relacionadas ao racismo.

Tabela 3.1 – Características básicas do racismo

AUTORIA	Apresenta forte conteúdo ideológico racial, de conotação científica, cuja elaboração responde a interesses das elites econômicas, intelectuais, políticas, científicas, artísticas e militares. Envolve sempre questões relacionadas a raças, mestiçagem, grupo étnico, minorias étnicas, classe social e região/redutos/bolsões.

(continua)

---

1 *Etnocídio*: destruição de uma etnia no plano cultural.

(Tabela 3.1 – conclusão)

Ambiguidade	Apresenta um comportamento característico que resulta de atitudes, ideias e discursos paradoxais apoiados pela mídia e praticados nos espaços públicos e privados, envolvendo um agressor e uma vítima. Também apresenta variações entre culturas, folclores, grupos culturais, cor da pele, fenótipos, *status* e função social.
Irresponsabilidade	Marcada pela negação dos direitos humanos, pode ser identificada em várias formas de violência policial, bem como nas agressões física, verbal e visual. Também se traduz em políticas institucionais e em comportamentos sociais de todos os grupos (inclusive a vítima) contra o grupo objeto da ideologia racista.
Oralidade	Põe em descrédito a vítima do racismo, garantindo a impunidade do agressor. O uso da oralidade está diretamente relacionado à posição ocupada pelos atores sociais na hierarquia social, de modo a cumprir o objetivo racista de reprodução das desigualdades.

Fonte: Elaborado com base em Lima, 2008.

O respeito e o enfrentamento às questões relacionadas ao direito à expressão da diversidade e da alteridade têm se refletido tanto nas ações políticas – anteriormente expressas por grupos marginalizados e hoje encaradas como problemas estruturais globais – quanto na revisão de construções conceituais relacionadas.

Lima comenta que, nos dias de hoje, o racismo também pode ser expresso como *racismo institucional*. O termo, definido pelos ativistas negros Kwane Ture e Charles V. Hamilton (na obra *Black Power: The Politics of Liberation in America*), diz respeito "às operações anônimas de discriminação de organizações, profissões, ou inclusive de sociedades inteiras" (Lima, 2008, p. 34).

No mesmo artigo citado, para descrever esse tipo de racismo e suas consequências, Lima (2008) apresenta algumas das considerações apontadas por Ellis Cashmore (2000). Segundo esse autor,

a. [o racismo] destrói a motivação, fomentando a formação de jovens ocupacionalmente obsoletos, destinados à condição de subclasse;
b. [o racismo] é camuflado, pois suas causas específicas não são detectáveis, porém são visíveis seus efeitos e resultados;
c. a força deste tipo de racismo está em se manter as formas racistas que afetam as instituições por muito tempo após as pessoas racistas desaparecerem;
d. não obstante as críticas conceituais, o racismo institucional põe em relevância o papel das ações afirmativas, como forma de erradicar a discriminação racial;
e. este tipo de racismo é muito usual para a análise de como as instituições trabalham embasadas em fatores racistas, embora não o admitindo e nem mesmo o reconhecendo.
(Cashmore, 2000, citado por Lima, 2008, p. 34)

É importante observar que, por sua característica pluriétnica, a sociedade brasileira é visivelmente constituída por um significativo processo de miscigenação, com base no qual se levantam profundas discussões no que se refere ao racismo e ao preconceito. Nesse sentido, Lima (2008, p. 36) comenta que a mestiçagem, ou o "embranquecimento", tem sido historicamente utilizado como "um dos mecanismos que vão contra a construção de uma identidade negra brasileira, ao mesmo tempo em que se constitui em mecanismo estratégico que ajuda, em nível individual, na ascensão de negros e mestiços na sociedade brasileira".

A ignorância que permeia todo e qualquer pensamento racista e etnocêntrico deixa de considerar que, influenciada por valores e juízos herdados da colonização espanhola e portuguesa, a sociedade brasileira,

em seu orgulho de casta, em seus privilégios de poder, quando muito divertia-se e se enojava com as características dos "negros boçais" e dos crioulos já ambientados ao meio e até aceitos na intimidade dos seus lares, porém não se apercebia das mudanças que ela mesma experimentava ao contato da massa numerosa e forçosamente presente da escravaria e se recusava a admitir que os seus costumes, as suas crenças, os seus modos de ser e de expressar-se, os seus falares pudessem ser afetados pelas maneiras, pelos jeitos, pelos mitos, pelos valores daquela imensa patuleia de "brutos". Admitir que aqueles hábitos, aquelas mentalidades, que aquelas "barbaridades" pudessem significar algo para a civilização da Casa Grande, dos sobrados e das igrejas matrizes seria, como explica Florestan Fernandes, uma diminuição para a sociedade dominante. (Azevedo, 1976, p. 122)

O preconceito racial deve ser entendido como um tipo de comportamento individual e grupal; adotando uma postura etnocêntrica, ele trata de estigmatizar o outro. Ele promove a desigualdade social e naturaliza tais desigualdades no cenário social. Posturas etnocêntricas e racistas têm contribuído para a manutenção do estigma e da discriminação de indígenas e afrodescendentes em todo o país. Tais posturas têm sido também responsáveis por impedir o exercício da cidadania plena e inibir o desenvolvimento desses grupos sob diferentes aspectos da vida social.

Para encerrar esse raciocínio, podemos afirmar que o racismo, do ponto de vista individual, causa impactos danosos do ponto de vista psicológico e social na vida de toda e qualquer criança ou adolescente. A criança pode aprender a discriminar apenas por ver os adultos discriminando. Nesses momentos, ela se torna vítima do racismo. A prática do racismo e da discriminação racial é uma violação de direitos, condenável em todos os países. No Brasil, é um crime inafiançável, previsto em lei.

Essa é uma situação que preocupa o UNICEF, uma vez que compromete o desenvolvimento pleno da maioria das crianças e adolescentes no Brasil. Existem cerca de 57 milhões de crianças e adolescentes no Brasil, e sabemos que nenhum deles nasceu discriminando, seja por cor, raça ou etnia. (Unicef, 2010)

Síntese

O relativismo cultural indica que cada cultura é portadora de seus próprios padrões, valores e normas de conduta. Em cada contexto sociocultural, identificamos reações psicológicas específicas para cada fenômeno, assim como convenções estabelecidas. Cada cultura deve ser compreendida de acordo com seus próprios padrões. Cada sistema cultural é portador de uma coerência interna que lhe é característica. O relativismo cultural implica um diálogo respeitável entre culturas distintas, refutando os argumentos inquestionáveis que tentam explicar e justificar tudo.

O processo de colonização não reconheceu a igualdade, os direitos e a dignidade dos povos descobertos. O princípio da alteridade, o relativismo cultural e o respeito à diversidade não estiveram presentes nas práticas e nas relações sociais ali estabelecidas. O determinismo biológico contribui com processos de discriminação e preconceito. Uma corrente de pensamento contrária, denominada *determinismo geográfico*, afirma que o comportamento humano está condicionado a diferenças climáticas e geográficas.

No entanto, as diferenças existentes em sociedades humanas distintas não podem ser explicadas por limitações impostas por suas condições biológicas ou pelo ambiente em que vivem. A maior qualidade da espécie humana é sua capacidade de romper com suas próprias limitações.

Cada sociedade e cada grupo étnico em particular é regido por mitos, ritos, cultos, hábitos e costumes, os quais configuram as regras de convivência social. As sociedades apresentam uma maneira própria de ser e de estar, ou seja, a **cultura**.

A palavra *etnia*, nesse sentido, é a mais adequada para tratar das relações em pauta: abarca os fatores culturais de um povo, dentre os quais destacam-se: a língua, a religião, as tradições e as afinidades linguísticas e culturais. Esses elementos definem e constituem determinada comunidade humana.

Nesse sentido, os grupos étnicos são caracterizados por um senso de identidade de grupo que se pauta por padrões culturais distintos e compartilhados, além de uma ancestralidade comum. Um grupo étnico se desenvolve por meio do acúmulo e da transmissão de suas experiências de vida e de sua herança cultural ao longo das gerações, desde os tempos mais antigos até as sociedades atuais.

A repulsa à diferença, por sua vez, é o que denominamos *preconceito*. Este se constitui na atitude e no pensamento desfavoráveis demonstrados por indivíduos ou grupos em relação a outros. Como a própria palavra indica, o preconceito toma por base julgamentos emocionais e sem fundamento; constitui-se em atitudes negativas em relação a grupos vitimizados por estereótipos sociais injustos.

O pensamento racista refere-se a uma conduta ideológica, etnocêntrica por excelência, baseada no princípio de que uma raça ou etnia pode ser encarada como superior a outras raças ou etnias. Ou seja, o racismo constitui-se numa ideologia que apregoa a existência de uma hierarquia entre grupos raciais.

O preconceito racial deve ser entendido como um tipo de comportamento individual e grupal; com a adoção de uma postura etnocêntrica, ele trata de estigmatizar o outro. O preconceito racial promove a desigualdade social e naturaliza tais desigualdades no cenário social. Posturas etnocêntricas e racistas têm contribuído para a manutenção do estigma e da discriminação de indígenas e afrodescendentes em todo o país. Tais posturas têm sido também responsáveis por impedir o exercício da cidadania plena e inibir o desenvolvimento desses grupos sob diferentes aspectos da vida social.

INDICAÇÕES CULTURAIS

XINGU. Direção: Caio Hamburger. Brasil: Downtown filmes, 2012. 102 min.

O filme apresenta a jornada dos irmãos Leonardo, Orlando e Cláudio Villas-Boas ao interior do país, no nascente e ainda virgem território do Brasil Central. O filme enfatiza o modo como eles descobriram a cultura indígena: apropriando-se da língua e percebendo a necessidade de preservar a integridade dos indígenas nas situações de contato com a sociedade brasileira. Os irmãos são os responsáveis pela idealização e implementação do Parque Nacional do Xingu.

QUILOMBO. Direção: Cacá Diegues. Brasil, 1984. 119 min.
O filme se passa em Pernambuco, por volta de 1650. Em um engenho de cana-de-açúcar, um grupo de escravos se rebela e foge, refugiando-se no Quilombo dos Palmares, na Serra da Barriga. Lá, organizam a resistência contra as expedições mandadas pelo governo do vice-rei. Após algum tempo, o rei do Quilombo dos Palmares, Ganga Zumba, entra em conflito com seu herdeiro e afilhado, Zumbi dos Palmares, porque este não aceita sua postura mais conciliadora com os brancos, propondo a luta constante.

BESOURO. Direção: João Daniel Tikhomiroff. Brasil, 2009. 95 min.
O filme retrata o período posterior à abolição da escravatura, quando o preconceito étnico ainda escravizava os negros, que vendiam sua força de trabalho por valores irrisórios. Mesmo provocando a ira dos concidadãos, a capoeira era praticada pelos negros nas ruas de Santo Amaro da Purificação (atual mesorregião metropolitana de Salvador, Bahia). A trama ilustra bem a situação de violência física e cultural da qual os africanos foram vítimas, mesmo após a abolição; por esse motivo, constitui-se em rico material para debate sobre temas como relativismo cultural, aculturação e etnocentrismo.

Atividades de autoavaliação

1. (Pitágoras) Uma das demandas de movimentos contemporâneos por igualdade de direitos é a superação de preconceitos inscritos em expressões de fala do nosso cotidiano. Assinale, dentre as frases a seguir, aquela que não expressa a naturalização de preconceitos ou subordinação de pessoas de acordo com sua cor/raça, gênero ou classe.
   a) "Mulher no volante, perigo constante".
   b) "O homem veio do macaco".
   c) "Bom dia para todos e para todas".
   d) "A mulher foi feita a partir da costela do homem".
   e) "Aquele lugar só é frequentado por gente 'feia'".

2. (Pitágoras) Desde o ano de 1991, o Instituto Brasileiro de Geografia e Estatística vem se utilizando das seguintes opções de classificação racial para identificar seus entrevistados: branco, pardo, preto, amarelo e indígena. Dentre as classificações a seguir, assinale aquela que **indica** quais tipos de características estão incluídas nessa classificação:
   a) Raciais e de cor.
   b) Raciais, de cor e de nacionalidade.
   c) Raciais, de cor e étnicas.
   d) De cor, étnicas e de gênero.

3. (UEL – 2011) No dia 16 de junho de 2010, o Senado brasileiro aprovou o Estatuto da Igualdade Racial. Os senadores suprimiram do texto o termo "fortalecer a identidade negra", sob o argumento de que não existe no país uma identidade negra. "O que existe é uma identidade brasileira. Apesar de existentes, o preconceito e a discriminação não serviram

para impedir a formação de uma sociedade plural, diversa e miscigenada", defende o relatório de Demóstenes Torres. (Folha.com. Cotidiano, 16 jun. 2010).

Com base no texto e nos conhecimentos atuais sobre a questão da identidade, é correto afirmar:

a) A identidade nacional brasileira é fruto de um processo histórico de realização da harmonia das relações sociais entre diferentes raças/etnias, por meio da miscigenação.

b) A ideia de identidade nacional é um recurso discursivo desenraizado do terreno da cultura e da política, sendo sua base de preocupação a realização de interesses individuais e privados.

c) Embora pautadas na ação coletiva, as lutas identitárias, a exemplo dos partidos políticos, colocam em segundo plano o indivíduo e suas demandas imediatas.

d) As identidades nacionais são construídas socialmente, com base nas relações de força desenvolvidas entre os grupos, com a tendência comum de eleger, como universais, as características dos dominantes.

4. O racismo apresenta algumas características básicas. Quais são elas?
a) Ilegalidade, autoria, historicidade e marginalização.
b) Autoria, ambiguidade, irresponsabilidade e oralidade.
c) Marginalização, discriminação, alteridade e ambiguidade.
d) Historicidade, preconceito, oralidade e diversidade.

5. Uma das características do racismo é que ele apresenta variações entre culturas e grupos e resulta de atitudes, ideias e discursos paradoxais apoiados pela mídia e praticados em espaços

públicos e privados, envolvendo um agressor e uma vítima. Isso é o que denominamos:
a) Transgressão.
b) Diversidade.
c) Ambiguidade.
d) Marginalidade.

ATIVIDADES DE APRENDIZAGEM

QUESTÕES PARA REFLEXÃO

Como vimos, o racismo apresenta causas históricas significativas, entre elas a escravidão. Como uma das medidas para eliminar as desigualdades sociais provocadas pelo preconceito racial, o governo brasileiro implantou a Política de Cotas Raciais.

1. Qual a sua opinião sobre a Política de Cotas Raciais?

2. Que razões nos levam a crer que a inclusão de indígenas e afrodescendentes no ensino universitário pode contribuir para o combate ao racismo?

ATIVIDADES APLICADAS: PRÁTICA

1. Compare as respostas dadas por você no item "Questões para Reflexão" com as seguintes informações prestadas pelo Geledés – Instituto da Mulher Negra (2014):

> A inclusão de políticas de ação afirmativa tanto no debate público como na pauta do governo é uma conquista de segmentos do movimento negro, que há anos denunciam a desigualdade social

e racial no Brasil em vários setores: saúde, educação, mercado de trabalho, moradia, entre outros. Tratar de maneira diferenciada um grupo que teve menos oportunidades – e, portanto, que está em situação de desvantagem – é uma tentativa de diminuir essas desigualdades, restituindo direitos há muito negados. Não é um privilégio. É, na realidade, o exercício da democracia, respeitando a diversidade étnico-racial da nossa população e revelando a forma desigual como essa diversidade tem sido tratada pelo Estado e pela sociedade brasileira ao longo dos séculos. [...] As cotas têm um papel além da promoção do ingresso de uma população específica na universidade. As cotas estimulam o debate sobre a questão racial, que no Brasil chega com mais de um século de atraso, questionam a diversidade dentro de instituições de ensino e nos fazem refletir nas consequências do nosso passado escravo marcado pela ausência de políticas públicas pós-abolição. As atuais disparidades entre pessoas brancas e negras no país são também consequência da ausência dessas políticas. Além disso, a adoção de cotas raciais nos convida a repensar antigos preconceitos e estereótipos, o que incomoda e torna a questão polêmica, mas não menos necessária.

2. Caetano Veloso, na música Podres poderes (1984), ao mesmo tempo que questiona a questão do poder nas sociedades humanas, também demonstra os efeitos de nossas condutas etnocêntricas em relação ao diferente. Analise a letra da música (você pode consultar a letra completa em: <http://www.caetanoveloso.com.br/discografia.php?pagina=3>.), correlacionando-a aos conceitos até aqui trabalhados.

[...]

Enquanto os homens exercem seus podres poderes
Índios e padres e bichas, negros e mulheres
E adolescentes fazem o carnaval
Queria querer cantar afinado com eles
Silenciar em respeito ao seu transe, num êxtase
Ser indecente
Mas tudo é muito mau

(Veloso, 1984)

4

O relativismo cultural, o respeito à diversidade e a Lei n. 10.639

*Não creio ser um homem que **saiba**. Tenho sido sempre um homem que **busca**, mas já agora não busco mais nas estrelas e nos livros: começo a ouvir os ensinamentos que meu sangue murmura em mim. Não é agradável a minha **história**, não é suave e harmoniosa como as histórias inventadas; sabe a insensatez e a confusão, a loucura e o sonho, como a vida de todos os homens que já não querem mais mentir a si mesmos.*

*A **vida** de todo ser **humano** é um caminho em direção a si mesmo, a tentativa de um caminho, o seguir de um simples rastro. Homem algum chegou a ser completamente ele mesmo; mas todos aspiram a sê-lo, obscuramente alguns, outros mais claramente, cada qual como pode. Todos levam consigo, até o fim, viscosidades e cascas de ovo de um mundo **primitivo**. Há os que não chegam jamais a ser homens, e continuam sendo rãs, esquilos ou formigas. Outros que são homens da cintura para cima e peixes da cintura para baixo. Mas, cada um deles é um impulso em direção ao ser. Todos temos origens comuns: as **mães**; todos proviemos do mesmo abismo, mas cada um — resultado de uma tentativa ou de um impulso inicial — tende a seu próprio fim. Assim é que podemos entender-nos uns aos outros, **mas somente a si mesmo pode cada um interpretar-se**.*

(Herman Hesse, 1925, p. 10, grifo nosso)

Diante de tantas situações de injustiça e violência praticadas ao longo da história brasileira, bem como das insistentes pressões promovidas por movimentos sociais, o Estado brasileiro passou a implementar políticas públicas que anseiam corrigir tais erros históricos e promover o resgate dos direitos de cidadãos indígenas e afrodescendentes.

O presente capítulo, à luz dos conceitos trabalhados nos tópicos anteriores, procura analisar as proposições governamentais com vistas à aplicação no contexto escolar.

A perspectiva multicultural

De acordo com dados fornecidos pelo Instituto Brasileiro de Geografia e Estatística (IBGE, 2009) e também divulgados pelo Fundo das Nações Unidas para a Infância (Unicef, 2010),

> Vinte e seis milhões de crianças e adolescentes brasileiros vivem em famílias pobres e representam 45,6% do total de crianças e adolescentes do País. Desses, 17 milhões são negros. Entre as crianças brancas, a pobreza atinge 32,9%; entre as crianças negras, 56%. A iniquidade racial na pobreza entre crianças continua mantendo-se nos mesmos patamares: uma criança negra tem 70% mais risco de ser pobre do que uma criança branca. (IBGE, 2009, citado por Unicef, 2010)

Diferentes estudos vêm demonstrando os progressos ocorridos no Brasil nas últimas décadas no que diz respeito à melhoria da qualidade de vida da população, especialmente das crianças. Os índices de mortalidade infantil reduziram, bem como foram intensificadas as políticas e os programas de incentivo ao ensino e de assistência às famílias. Ocorre, porém, que tais medidas ainda não dão conta de atingir satisfatoriamente a realidade de crianças e adolescentes indígenas e negros, as quais permanecem vivendo em contextos de desigualdade.

Alerta o Unicef (2010) que "essas crianças e adolescentes ainda vivem em contextos de desigualdades. São vítimas do racismo nas escolas, nas ruas, nos hospitais ou aldeias e, às vezes, dentro de suas famílias. Deparam-se constantemente com situações de discriminação, de preconceito ou segregação".

Embora as ações desenvolvidas no Brasil sejam relevantes, ainda estão distantes de efetivamente transmutar a realidade de todas as crianças indígenas, brancas e negras. Para que a igualdade pretendida ocorra, necessitamos encarar o problema de frente, valorizando a diversidade.

A campanha do Unicef alerta sobre os impactos do racismo na infância e na adolescência, ressaltando a urgência da mobilização nacional em nome do respeito e da igualdade étnico-racial desde os primeiros anos de vida. Para tanto, um conjunto de estratégias são sugeridas com o propósito de "rever imaginários e promover mudanças que ajudem a eliminar atitudes discriminatórias, que, por gerações, vêm exercendo efeitos danosos na formação e afirmação da identidade da criança e do adolescente indígenas, negros e brancos" (Unicef, 2010).

Somos um país cuja constituição populacional nos dá a condição de nação pluriétnica. Porém, a diversidade cultural brasileira não tem um reconhecimento equânime pela escola. Como reflexo do processo histórico, observa-se no ambiente escolar "o predomínio, para não dizer hegemonia, da matriz cultural europeia como cultura eleita para o trabalho pedagógico. Porém, a atual discussão sobre as conjunturas sociais tem promovido aberturas de espaços para maior número de contestações e revoltas dos diversos setores excluídos" (Gonçalves, 2012, p.17).

Para Candau (2002, p. 70), não é novidade alguma

> o abismo existente entre a cultura escolar e a cultura de referência dos(as) alunos(as), principalmente se estes(as) pertencerem a grupos sociais, étnicos e culturais marginalizados. No entanto, ninguém discorda que a educação é fundamental na construção e na valorização de um mundo verdadeiramente plural.

Quando a escola adota modelos tradicionais, supervalorizando a cultura determinada pela minoria que detém o controle social, assume uma posição manipuladora e massificadora.

É preciso considerar cada aluno como um sujeito portador de características socioculturais próprias e, portanto, resultantes de suas vivências. Em sua inserção como **ator social** no universo da cultura, cada sujeito constrói-se a partir do momento em que é estimulado a apropriar-se, a criar e a recriar os elementos culturais a que têm acesso, num diálogo constante com os componentes da estrutura social e com as contradições nela presentes.

O processo educativo compreende o oferecimento de instrumentos e alternativas para que os indivíduos tomem consciência de si, do outro e, de modo geral, da sociedade na qual vivem. Para tanto, sugere-se, como estratégia para eliminar posturas etnocêntricas, a adoção do relativismo cultural como norteador ético.

No que diz respeito ao ambiente escolar, é preciso que tenhamos em mente que um processo educativo que valoriza e se preocupa com a diversidade deve ser marcado pelo ato de ponderar sobre as relações sociais estabelecidas na escola e pela constante reflexão sobre as diferenças, a desigualdade social e suas consequências.

Para além das mudanças curriculares, é necessário o desenvolvimento de ações que ampliem as possibilidades de implementação de "projetos e atividades que suponham envolvimento direto e compromisso com diferentes grupos culturais, favorecendo a relação teoria/prática no que diz respeito à diversidade cultural" (Candau, 2002).

Cada cultura tem suas virtudes, seus vícios, seus conhecimentos, seus modos de vida, seus erros, suas ilusões. Na nossa atual era planetária, o mais importante é cada nação aspirar a integrar aquilo que as outras têm de melhor, e a buscar a simbiose do melhor de todas as culturas.

> A França deve ser considerada em sua história não somente segundo os ideais de Liberdade-Igualdade-Fraternidade promulgados por sua Revolução, mas também segundo o comportamento de uma potência que, como seus vizinhos europeus, praticou durante séculos a escravidão em massa, e em sua colonização oprimiu povos e negou suas aspirações à emancipação. Há uma barbárie europeia cuja cultura produziu o colonialismo e os totalitarismos fascistas, nazistas, comunistas. Devemos considerar uma cultura não somente segundo seus nobres ideais, mas também segundo sua maneira de camuflar sua barbárie sob esses ideais. (Morin, 2012, citado por IHU, 2012)

Pensar numa perspectiva multicultural não significa promover festas, trabalhar com manifestações folclóricas, lendas e mitos. Para além disso – ou melhor, em paralelo a todas essas ações, que tampouco devem ser descartadas –, devemos ter sempre em mente que lidamos com realidades distintas e culturas diversificadas.

A Lei n. 10.639

Para eliminar o pensamento etnocêntrico presente em nossa sociedade de modo geral – e na escola e nos currículos escolares, em particular –, o governo propôs o documento Parâmetros Curriculares Nacionais, com a proposta de temas transversais, incorporando a pluralidade cultural. Com a aprovação da Lei n. 10.639, em 2003, que altera a última Lei de Diretrizes de Bases da Educação Nacional, de 1996, inclui-se no cenário educacional brasileiro os estudos de História da África e da Cultura Afro-Brasileira, a serem ministrados em todos os estabelecimentos de ensino fundamental e médio das redes pública e privada, obrigatoriamente contemplados no currículo escolar, com especial atenção nas áreas de História, Literatura e Educação Artística.

A referida lei é resultante de inúmeras reivindicações e da luta travada por diversos setores da sociedade brasileira pela reparação dos erros cometidos em mais de dois séculos de escravidão de africanos e afrodescendentes.

Entendendo que a lei por si só não daria conta de atender às necessidades apontadas pelo Plano Nacional de Promoção da Igualdade Racial, no ano de 2004 foi aprovada pelo Conselho Nacional de Educação a Resolução n. 1, que instituiu as Diretrizes Curriculares Nacionais para a educação das relações étnico-raciais e para o ensino de História e Cultura Afro-Brasileira e Africana. Essa resolução enfatiza a necessidade de se reconhecer e valorizar "a identidade, a história e a cultura dos afro-brasileiros, bem como a garantia de reconhecimento e igualdade de valorização das raízes africanas da nação brasileira, ao lado das indígenas, europeias, asiáticas." (Brasil, 2004b).

Em seu estudo "Limites e possibilidades da implementação da Lei 10.639/03 no contexto das políticas públicas em educação", da obra *Caminhos convergentes: estado e sociedade na superação das desigualdades raciais no Brasil*, a professora Nilma Lino Gomes (2009) analisa os limites e as possibilidades da implementação da lei em questão. Para ela, tanto a lei quanto as suas formas de regulamentação (resolução e pareceres do Conselho Nacional de Educação) estão diretamente vinculadas à garantia do direito à educação e ao respeito à diferença. Afirma Gomes (2009, p. 40) que os avanços e limites dessa lei, bem como as diretrizes curriculares, "possibilitaram uma inflexão na educação brasileira. Elas fazem parte de uma modalidade de política até então pouco adotada pelo Estado brasileiro e pelo próprio Ministério da Educação (MEC). São políticas de ação afirmativa voltadas para a valorização da identidade, da memória e da cultura negras".

Como sabemos, a implantação de uma lei e sua execução dependem, em muito, de sua incorporação como prática por aqueles a quem ela se destina – neste caso, os professores –, além de sua aceitação tanto por alunos quanto pela sociedade. Nesse sentido, Gomes (2009, p. 40) assevera que "a sua efetivação dependerá da necessária mobilização da sociedade civil a fim de que o direito à diversidade étnico-racial seja garantido nas escolas, nos currículos, nos projetos político-pedagógicos, na formação de professores, nas políticas educacionais etc.".

Sabemos que o espaço e as práticas escolares não se modificam exclusivamente por decreto, exigindo de seus executores qualificação e formação adequada. Dessa forma, as estruturas curriculares de diferentes cursos e áreas passaram a ser reformuladas, inserindo-se nos currículos conteúdos específicos, relacionados à história da África, às teorias e aos estudos antropológicos e linguísticos, entre outros campos do saber. Trata-se de uma perspectiva de intervenção na história e nos processos educativos que nos possibilita compreender que o respeito à diferença não implica a transformação do outro no que somos, tampouco que devemos ser tal qual o outro é. Ao contrário, trata-se de compreender e aceitar que o outro é o que não somos. Trata-se de evidenciar, na identidade nacional, nossas raízes, reconhecendo a presença e respeitando as contribuições culturais trazidas por diferentes povos e etnias que constituem a identidade do povo brasileiro. Eis aí a riqueza dessa lei: ela exige um novo olhar sobre nós mesmos, sobre o outro e sobre as nossas diferenças.

Como sabemos, nossas identidades pessoais e grupais são construídas tomando por base o modelo cultural determinado pela sociedade a que pertencemos. É por meio desse modelo que essa mesma sociedade nos enquadra em papéis e funções sociais. A identidade nacional, nesse sentido, é parte da construção desse modelo, sendo diferente da totalidade de nossa cultura.

Cada povo e cada nação carrega consigo um conjunto de traços que são produto de sua construção histórica. Nele estão presentes diferenças que nos destacam de outros povos. Entre essas diferenças, encontra-se a forma específica como construímos a vida política, social, econômica, jurídica e territorial. A cultura – e, consequentemente, nossa identidade – é produto da interação que estabelecemos com nossos semelhantes e dos hábitos, costumes e tradições, reforçados ou descartados por nós no cotidiano dessas relações. Vale destacar que, em nossa constituição como nação, estão presentes aspectos de ordem biológica, geográfica e cultural.

Assim, é preciso considerar que a implementação da lei em questão depende também do enfrentamento de outras situações que são produto do pensamento e das práticas etnocêntricas vividas ao longo de séculos pela sociedade brasileira. Desse modo, é preciso lembrar que a referida lei e suas diretrizes "entram em confronto com as práticas e com o imaginário racial presentes na estrutura e no funcionamento da educação brasileira, tais como o mito da democracia racial, o racismo ambíguo, a ideologia do branqueamento e a naturalização das desigualdades raciais" (Gomes, 2003, p. 41).

Por exemplo: entre os anos de 2004 e 2005, a Secretaria de Educação Continuada, Alfabetização e Diversidade (Secad) promoveu em todo o país fóruns de debate que tinham como propósito combater o racismo, as desigualdades étnico-raciais e a consequente discriminação étnica e sexual. Por meio desses fóruns, foram elaborados materiais didáticos, artigos e textos com conteúdos que levavam em conta os valores civilizatórios afro-brasileiros e o respeito à diversidade étnico-racial.

Acredita-se que a realização de ações afirmativas no ambiente escolar, bem como a revisão de conteúdos presentes em materiais didáticos antes carregados de um discurso ideológico discriminatório e visivelmente racista, irão gradativamente eliminar o sentimento de inferioridade e o estigma social e psicológico vividos pelas populações indígenas, africanas e afrodescendentes residentes no Brasil.

Em um dos diversos documentos publicados desde a proposição da lei até a sua implementação, o MEC, ao tratar da questão do reconhecimento, afirma que este implica não somente na igualdade de direitos sociais, civis, culturais e econômicos, mas também na valorização de suas características identitárias – ou seja, dos elementos étnico-raciais que distinguem os negros dos demais grupos que constituem a sociedade brasileira. Tais ações implicam a revisão de conceitos e na mudança de nossas posturas. Também é necessário o esforço para a compreensão da história e da cultura, desconstruindo assim o mito da democracia racial na sociedade brasileira. O documento afirma ainda que tal mito "difunde a crença de que, se os negros não atingem os mesmos patamares que os não negros, é por falta de competência ou de interesse, desconsiderando as desigualdades seculares que a estrutura social hierárquica cria com prejuízos para os negros" (Brasil, 2004b, p. 3).

Marcada por inúmeras situações de conflito social, a história brasileira está recheada de momentos nos quais são visivelmente identificadas situações de exploração, cujas principais vítimas foram os negros, os indígenas e até mesmo os imigrantes. Reflexo dessas situações é o sentimento de compaixão, que também inferioriza esses grupos étnicos, carecendo de erradicação.

As ações afirmativas que têm como propósito eliminar a centenária exclusão vivida por índios e negros no Brasil devem envolver a população em geral, de tal modo que sua participação não seja reduzida ao ambiente escolar (ela deve se estender para outros meios). A diversidade cultural brasileira deve ser compreendida e reconhecida como um de nossos maiores bens. No artigo intitulado *Relações étnico-raciais na escola: reflexões sobre a Lei 10.639/03*, Fonseca, Martino e Silva (2009, p. 14) comentam que

> O estudo da história e das culturas africana e afro-brasileira não se destina somente aos afrodescendentes, nem pretende tornar-se uma visão unilateral da história, mas, ao contrário, visa, sobretudo, preencher as lacunas dos estudos que vinham sendo até então realizados. A ideia primordial é dar aos educandos uma visão mais próxima possível da realidade e mostrar que os povos negros, ao longo de sua história, produziram complexas e ricas civilizações, repletas de matizes culturais dignos de serem estudados.

A decisão de incluir estudos sobre a história da África em nossos currículos escolares causou e continua causando estranhamento e resistência por parte de alguns setores da sociedade brasileira. Essa resistência é também decorrente do desconhecimento acerca de sua importância. Precisamos lembrar que nossa história é fortemente marcada por contribuições trazidas pelos povos vindos do continente africano, responsáveis por nossa africanidade, como afirma a pesquisadora Petronilha Silva (2005, p. 155):

Ao dizer africanidades brasileiras estamos nos referindo às raízes da cultura brasileira que têm origem africana. Dizendo de outra forma, estamos, de um lado, nos referindo aos modos de ser, viver, de organizar suas lutas, próprios dos negros brasileiros, e de outro lado, às marcas da cultura africana que, independentemente da origem étnica de cada brasileiro, fazem parte do seu dia a dia.

Em seus estudos, a pesquisadora comenta que, ao longo de aproximadamente cinco séculos, temos convivido com e incorporado em nossa identidade nacional influências de povos africanos escravizados e de seus descendentes, os quais, por sua vez, também são influenciados e incorporam em suas identidades componentes de nossa cultura. Neste sentido, Silva (2005, p. 155-156) defende que "estudar as Africanidades Brasileiras significa tomar conhecimento, observar, analisar um jeito peculiar de ver a vida, o mundo, o trabalho, de conviver e de lutar pela dignidade própria, bem como pela de todos descendentes de africanos, mais ainda de todos que a sociedade marginaliza".

O legado eurocêntrico presente em nossa história e na constituição de nossa identidade como nação por muito tempo negou e escondeu os traços da influência africana que indubitavelmente carregamos. Romper com esse modelo sem dúvida nos permitirá rever nossa própria história e desvendar nossa essência. Trata-se, portanto, de uma exigência básica de cidadania.

Sob essa perspectiva, a pesquisadora Luciane Ribeiro Dias Gonçalves (2012) sugere que, ao compreendermos as africanicidades, delas podemos nos utilizar como tema transversal em todas as disciplinas, e não somente no conteúdo de História.

Nessa linha de raciocínio, a autora alerta para o fato de que toda disciplina tem potencial interdisciplinar.

> Devemos nos aproximar das diversas manifestações culturais negras existentes e dialogar com elas a fim de entender a realidade e servir-nos do trabalho dos movimentos negros, por exemplo, que têm desenvolvido alternativas para preservar a cultura negra e da mesma forma, divulgá-la abrangentemente. (Gonçalves, 2012, p. 22)

É imprescindível não perdermos de vista a riqueza da diversidade cultural brasileira. Ao considerá-la e valorizá-la, professores e alunos ampliam conhecimentos, além de fortalecerem nosso processo identitário e nossa autoestima.

> Ser descendente de uma cultura rica em princípios e valores é algo que muda a visão de si mesmo. As crianças brancas poderão confrontar seus saberes culturais com os aprendidos da cultura negra, e com isso, aumentar seu repertório de alternativas para enfrentar o mundo. Isso só poderá contribuir para construir uma nação mais criativa e produtiva. (Gonçalves, 2012, p. 22)

Possibilidades de intervenção

O que se coloca em questão, neste momento, é como trabalhar com essa nova perspectiva se considerarmos o fato de que a escola e os seus currículos deixaram de lado os princípios que apresentamos, difundindo uma história marcada pelo estigma, pela discriminação étnica e pelo preconceito.

Na maioria dos estudos que tratam dessa temática, encontramos a denúncia à precariedade de nossa formação como educadores. Poucos de nós tivemos acesso aos conteúdos relacionados à história da África. Ademais, presenciamos frequentemente a desqualificação das manifestações culturais negras.

Desse modo, além da busca por novos referenciais teóricos, precisamos buscar, em nós mesmos, a superação de estereótipos, eliminando os aspectos pejorativamente folclóricos das culturas africana e afro-brasileira.

No que diz respeito ao ambiente escolar e à nossa intervenção como educadores, devemos ser atores da mudança, caracterizando esse ambiente como propício para que tais mudanças ocorram.

Embora considerada como responsável pela organização, transmissão e socialização do conhecimento e da cultura, a escola ainda "revela-se como um dos espaços em que as representações negativas sobre o negro são difundidas. E por isso mesmo ela também é um importante local onde estas podem ser superadas" (Gomes, 2003, p. 77).

É nosso papel, como educadores,

> compreender como os diferentes povos, ao longo da história, classificaram a si mesmos e aos outros, como certas classificações foram hierarquizadas no contexto do racismo e como este fenômeno interfere na construção da autoestima e impede a construção de uma escola democrática. É também tarefa do educador e da educadora entender o conjunto de representações

sobre o negro existente na sociedade e na escola, e enfatizar as representações positivas construídas politicamente pelos movimentos negros e pela comunidade negra. (Gomes, 2003, p. 77)

Em sua reflexão sobre a cultura negra e a educação, Nilma Lino Gomes (2003, p. 79) afirma que, para pensá-la, precisamos levar em consideração "as lógicas simbólicas construídas ao longo da história por um grupo sociocultural específico: os descendentes de africanos escravizados no Brasil". Nesse sentido, alerta a pesquisadora para o fato de que é preciso

> compreender que há uma lógica gerada no bojo de uma africanidade recriada no Brasil, a qual impregna a vida de todos nós, negros e brancos. E isso não tem nada de natural. Essa inexistência de algo puramente natural na sociedade pode ser vista inclusive quando ponderamos sobre a existência das teorias racistas. Embora elas apregoassem trabalhar somente com os dados biológicos para atestarem a suposta inferioridade do negro, na realidade elas operavam e ainda operam o tempo todo no campo da cultura. Nesse sentido, qualquer adjetivação da cultura, seja cigana, judaica, indígena ou negra, é uma construção social, política, ideológica e cultural que, numa sociedade que tende a discriminar e tratar desigualmente as diferenças, passa a ter uma validade política e identitária. (Gomes, 2003, p. 79)

Alerta a autora para o fato de que, ao aprofundarmos e revelarmos a africanidade presente na constituição da sociedade brasileira, também estamos contribuindo para a reafirmação do "senso de nós" dos afrodescendentes, que permite o posicionamento destes diante do outro.

A cultura negra só pode ser entendida na relação com as outras culturas existentes em nosso país. E nessa relação não há nenhuma pureza; antes, existe um processo contínuo de troca bilateral, de mudança, de criação e recriação, de significação e ressignificação. Quando a escola desconsidera esses aspectos ela tende a essencializar a cultura negra e, por conseguinte, a submete a um processo de cristalização ou de folclorização. (Gomes, 2003, p. 79)

Muito além das leis e diretrizes, Gomes (2003) afirma que precisamos atentar para o que ela denomina de *uso autorreflexivo* da cultura pelos sujeitos, de modo a compreender como esses sujeitos constroem, vivem e reinventam suas tradições culturais na vida cotidiana.

Para que nossas ações sejam afirmativas, precisamos nos posicionar diante das condições vividas hoje não somente pelos brasileiros afrodescendentes em situação de exclusão e marginalização, mas também pelos africanos em condição de pobreza, fruto de um processo truculento de colonização e exploração. Nesse sentido, Gomes defende que "não há como continuarmos considerando a África como matriz estética de vários movimentos da arte e da cultura contemporâneas e, ao mesmo tempo, ignorarmos o drama de exclusão e miséria imposto ao povo africano" (Gomes, 2003, p. 85).

Terminamos este livro com dados de uma campanha promovida pelo Unicef, a qual indica alguns caminhos para lidarmos com esses problemas, por meio do que denominou *Dez maneiras de contribuir para uma infância sem racismo.*

1. Eduque as crianças para o respeito à diferença. Ela está nos tipos de brinquedos, nas línguas faladas, nos vários

costumes entre os amigos e pessoas de diferentes culturas, raças e etnias. As diferenças enriquecem nosso conhecimento.

2. Textos, histórias, olhares, piadas e expressões podem ser estigmatizantes com outras crianças, culturas e tradições. Indigne-se e esteja alerta se isso acontecer – contextualize e sensibilize!

3. Não classifique o outro pela cor da pele; o essencial você ainda não viu. Lembre-se: racismo é crime.

4. Se seu filho ou filha foi discriminado, abrace-o, apoie-o. Mostre-lhe que a diferença entre as pessoas é legal e que cada um pode usufruir de seus direitos igualmente. Toda criança tem o direito de crescer sem ser discriminada.

5. Não deixe de denunciar. Em todos os casos de discriminação, você deve buscar defesa no conselho tutelar, nas ouvidorias dos serviços públicos, na OAB e nas delegacias de proteção à infância e adolescência. A discriminação é uma violação de direitos.

6. Proporcione e estimule a convivência de crianças de diferentes raças e etnias nas brincadeiras, nas salas de aula, em casa ou em qualquer outro lugar.

7. Valorize e incentive o comportamento respeitoso e sem preconceito em relação à diversidade étnico-racial.

8. Muitas empresas estão revendo sua política de seleção e de pessoal com base na multiculturalidade e na igualdade racial. Procure saber se o local onde você trabalha participa também dessa agenda. Se não, fale disso com seus colegas e supervisores.

9. Órgãos públicos de saúde e de assistência social estão trabalhando com rotinas de atendimento sem discriminação para famílias indígenas e negras. Você pode cobrar essa postura dos serviços de saúde e sociais da sua cidade. Valorize as iniciativas nesse sentido.

10. As escolas são grandes espaços de aprendizagem. Em muitas, as crianças e os adolescentes estão aprendendo sobre a história e a cultura dos povos indígenas e da população negra e como enfrentar o racismo. Ajude a escola de seus filhos a também adotar essa postura. (Unicef, 2010, p. 15)

Síntese

A constituição populacional brasileira é de uma nação pluriétnica. Porém, a diversidade cultural brasileira não tem um reconhecimento equânime pela escola. No ambiente escolar ainda ocorre o predomínio da matriz cultural europeia como cultura eleita para o trabalho pedagógico. Ao adotar modelos tradicionais, supervalorizando a cultura determinada pela minoria que detém o controle social, a escola assume uma posição manipuladora e massificadora. É preciso considerar cada aluno como um sujeito portador de características socioculturais próprias e resultantes de suas vivências.

É necessário o desenvolvimento de ações que capacitem a implementação de projetos que impliquem envolvimento direto e compromisso com diferentes grupos culturais. Para eliminar o pensamento etnocêntrico presente em nossa sociedade de modo geral – e na escola e nos currículos escolares, em particular –, o governo propôs o documento Parâmetros Curriculares Nacionais, com a proposta de temas transversais, incorporando a pluralidade cultural. Com a aprovação da Lei n. 10.639, em 2003, que altera a última Lei de Diretrizes de Bases da Educação Nacional, de 1996, inclui-se no cenário educacional brasileiro os estudos de História da África e da Cultura Afro-Brasileira, a serem ministrados em todos os estabelecimentos de ensino fundamental e médio das redes pública e privada, obrigatoriamente contemplados no currículo escolar, com especial atenção nas áreas de História, Literatura e Educação Artística.

Entendendo que a lei por si só não daria conta de atender as necessidades apontadas pelo Plano Nacional de Promoção da Igualdade Racial, no ano de 2004 foi aprovada pelo Conselho Nacional de Educação a Resolução n. 1, que instituiu as Diretrizes Curriculares Nacionais para a educação das relações étnico-raciais e para o ensino de História e Cultura Afro--Brasileira e Africana. Mas a implementação da lei em questão depende do enfrentamento de outras situações que são produto de práticas etnocêntricas praticadas ao longo de séculos pela sociedade brasileira.

A realização de ações afirmativas no ambiente escolar, bem como a revisão de conteúdos presentes em materiais didáticos antes carregados de um discurso ideológico discriminatório e visivelmente racista, irão gradativamente eliminar o sentimento de inferioridade e o estigma social e psicológico vivido pelas populações indígenas, africanas e afrodescendentes residentes no Brasil. Também é necessário o esforço para compreensão da história e da cultura, desconstruindo assim o mito da democracia racial na sociedade brasileira.

Ao longo de aproximadamente cinco séculos, temos convivido e incorporado em nossa identidade nacional influências de povos africanos escravizados e de seus descendentes, os quais, por sua vez, também são influenciados e incorporam em suas identidades componentes de nossa cultura. O legado eurocêntrico presente em nossa história e na constituição de nossa identidade como nação por muito tempo negou e escondeu os traços da influência africana que indubitavelmente carregamos. Romper com esse modelo sem dúvida nos permitirá rever nossa própria história e desvendar nossa essência. Trata-se, portanto, de uma exigência básica de cidadania.

Ao compreendermos as africanidades, delas podemos nos utilizar como tema transversal em todas as disciplinas, uma vez que toda disciplina tem potencial interdisciplinar.

Além da busca por novos referenciais teóricos, precisamos buscar, em nós mesmos, uma atitude que supere estereótipos, eliminando os aspectos pejorativamente folclóricos das culturas africana e afro-brasileira.

No que diz respeito ao ambiente escolar e à nossa intervenção como educadores, devemos ser atores da mudança, caracterizando esse ambiente como propício para que as transformações ocorram.

Para que nossas ações sejam afirmativas, precisamos nos posicionar diante das condições vividas hoje não somente pelos brasileiros afrodescendentes em situação de exclusão e marginalização, mas também pelos africanos em condições de pobreza, fruto de um processo truculento de colonização e exploração.

INDICAÇÕES CULTURAIS

A COR púrpura. Direção: Steven Spielberg. EUA, 1985, 154 min. Esse filme se passa na Geórgia, sul dos Estados Unidos, em 1906. Uma jovem negra, Cellie, de apenas 14 anos, é violentada pelo pai e se torna mãe de duas crianças. Assim que elas nascem, Cellie é separada delas e perde a capacidade de ser mãe novamente. Sua vida é de perdas atrás de perdas, pois em seguida Cellie perde a única pessoa por quem tem amor, sua irmã, doada a "Mister" para lhe servir de escrava e companheira. Mister é até brutal com a irmã de Cellie, por causa de uma paixão irresolvida que tem por uma cantora de blues, Shug Avery. Cellie passa a se corresponder com Deus e com a irmã, Nettie, que é missionária na África.

Com o tempo, vão surgindo pessoas na vida de Cellie, como Shug, a cantora, Sofia, uma mulher bastante forte e seu marido Harpo, que lhe revelam um lado mais luminoso da vida, e assim ela pode revelar todo seu brilho e consciência de seu valor, aprendendo a viver sua vida de verdade.

ATIVIDADES DE AUTOAVALIAÇÃO

1. Assinale (V) para verdadeiro e (F) para falso.

   ( ) A adoção de modelos tradicionais pode supervalorizar a cultura determinada pela minoria que detém o controle social. Porém, não interfere na realidade escolar.

   ( ) Ao compreendermos as africanidades, delas podemos nos utilizar como tema transversal em todas as disciplinas, uma vez que toda disciplina tem potencial interdisciplinar.

   ( ) Segundo o Unicef, textos, olhares, piadas e expressões podem carregar consigo conteúdo discriminatório e estigmatizante. É papel do professor trabalhar para eliminar tais situações, por meio de debates e atividades lúdicas em sala de aula.

( ) Os estudos de História da África e da Cultura Afro-Brasileira não foram contemplados na Resolução n. 1, aprovada pelo Conselho Federal de Educação em 2004.

2. O governo Federal, em 9 de janeiro de 2003, criou a Lei n. 10.639, que alterou a LDBEN. Essa lei aborda:
a) A orientação da sexualidade em sala de aula.
b) A história do índio.
c) A história da África e a Cultura Afro-Brasileira.
d) A educação de jovens e adultos.

3. Uma das características da sociedade brasileira é a miscigenação étnica do seu povo. Isso é consequência:
a) da mistura étnico-racial dos povos que construíram a sociedade brasileira: negros, brancos e índios.
b) da presença dos holandeses no nordeste do Brasil.
c) da religião cristã pregada pelos jesuítas no Brasil Colônia.
d) da presença dos franceses no nordeste do Brasil.

4. Assinale qual documento apresenta como princípio o texto: "Eduque as crianças para o respeito à diferença. Ela está nos tipos de brinquedos, nas línguas faladas, nos vários costumes entre os amigos e pessoas de diferentes culturas, raças e etnias. As diferenças enriquecem nosso conhecimento."
a) MEC, Parâmetros Curriculares Nacionais.
b) Unicef, Dez maneiras de contribuir para uma infância sem racismo.

c) Lei n. 10.639, que alterou a LDBEN.
d) Estatuto da Criança e do Adolescente.

5. Entre os argumentos utilizados por professores para justificar as dificuldades de implementação de práticas afirmativas nas escolas, foram identificados:
   a) As datas comemorativas que permitem a realização de atividades nas escolas.
   b) Os conteúdos específicos não são contemplados como temas transversais: restringem-se ao conteúdo de História do Brasil.
   c) A falta de preparo dos professores para trabalhar com conteúdos relacionados à história da África e a frequente desqualificação das manifestações culturais negras.
   d) Os alunos não demonstram interesse pela temática.

Atividades de aprendizagem

Questões para reflexão

Fazendo uso de informações contidas nas redes sociais, identifique a presença de comentários e matérias em que é possível verificar o preconceito e a discriminação. Depois, responda às questões a seguir:

1. Somos um país pluriétnico? O que temos feito para valorizar a diversidade cultural brasileira?

2. De que forma as proposições legais que indicam o respeito à diferença vêm sendo aplicadas no Brasil?

Atividade aplicada: prática

Com base nas orientações do Unicef, apresentadas durante o capítulo, elabore um plano de aula com a temática **história e preconceito**. Procure relacionar fatos históricos com situações cotidianas. Em seguida, avalie a aplicabilidade de seu plano, discutindo-o com um grupo de pessoas. Para esta atividade, o filme *Quanto vale ou é por quilo* (2005) pode ser útil, uma vez que apresenta um tipo de avaliação semelhante.

Considerações finais

Como vimos, questões relacionadas às relações étnico-raciais exigem de cada um de nós um profundo processo de reflexão sobre nós mesmos e sobre as relações que estabelecemos com o outro em sociedade.

O preconceito e a discriminação étnica e racial estão presentes em nosso cotidiano, constituídos como heranças incorporadas pelo imaginário social e pela consciência coletiva de nossa sociedade.

A identidade do povo brasileiro é fortemente marcada pelas influências culturais indígena e africana, bem como pela influência dos demais povos que aqui se instalaram. Não podemos perder de vista o fato de que a cultura, em todo o seu dinamismo, é sempre acrescida de novas informações, por nós incorporadas nas relações que estabelecemos com outras culturas em nosso cotidiano. Tal processo ocorreu e continua ocorrendo ao longo da história, pois ela também é dinâmica.

Dessa forma, o ensino de História e as práticas educativas de modo geral não podem se esquivar do compromisso e da dívida histórica que temos com todos os povos que contribuíram para a construção da identidade nacional.

No que diz respeito ao povos indígenas, africanos e afrodescendentes, tal compromisso associa-se à dívida, também histórica, de anos e anos de escravização e marginalização pelo qual passaram desde as origens da *terra brasilis*.

O material aqui apresentado não teve e não tem a pretensão de reconstituir a história nem de servir como manual. Tivemos a intenção de, à luz de teorias antropológicas, contribuir com o processo de reflexão tão necessário àqueles que se dedicam ao ensino da história da sociedade brasileira.

Leituras complementares

BRASIL. Lei n. 4.024, de 20 de dezembro de 1961. **Diário Oficial da União**, Poder Legislativo, Brasília, 27 dez. 1961. Disponível em: <http://www.planalto.gov.br/ccivil_03/LEIS/L4024.htm>. Acesso em: 30 abr. 2014.

BRASIL. Lei n. 9.131, de 24 de novembro de 1995. **Diário Oficial da União**, Poder Legislativo, Brasília, 25 nov. 1995. Disponível em: <http://www.planalto.gov.br/ccivil_03/leis/L9131.htm>. Acesso em: 30 abr. 2014.

BRASIL. Lei n. 9.394, de 20 de dezembro de 1996. **Diário Oficial da União**, Poder Legislativo, Brasília, 20 dez. 1996. Disponível em: <http://portal.mec.gov.br/arquivos/pdf/ldb.pdf>. Acesso em: 30 abr. 2014.

BRASIL. Lei n. 10.639, de 9 de janeiro de 2003. **Diário Oficial da União**, Poder Legislativo, Brasília, 10 jan. 2003. Disponível em: <https://www.planalto.gov.br/ccivil_03/Leis/2003/L10.639.htm#art1>. Acesso em: 30 abr. 2014.

BRASIL. Ministério da Educação. Conselho Nacional de Educação. Parecer n. 492, de 3 de abril de 2001. Relator: Silke Weber. **Diário Oficial da União**, Brasília, 9 jul. 2001. Disponível em: <http://portal.mec.gov.br/cne/arquivos/pdf/CES0492.pdf>. Acesso em: 30 abr. 2014.

BRASIL. Parecer n. 3, de 10 de março de 2004. Relator: Petronilha Beatriz Gonçalves e Silva. **Diário Oficial da União**, Brasília, 19 maio 2004a. Disponível em: <http://portal.mec.gov.br/cne/arquivos/pdf/003.pdf>. Acesso em: 30 abr. 2014.

BRASIL. Resolução n. 1, de 18 de fevereiro de 2002. **Diário Oficial da União**, Poder Legislativo, Brasília, 4 mar. 2002. Disponível em: <http://portal.mec.gov.br/cne/arquivos/pdf/rcp01_02.pdf>. Acesso em: 30 abr. 2014.

BRASIL. Resolução n. 1, de 17 de junho de 2004. **Diário Oficial da União**, Poder Legislativo, Brasília, 22 jun. 2004b. Disponível em: <http://portal.mec.gov.br/cne/arquivos/pdf/res012004.pdf>. Acesso em: 30 abr. 2014.

BRASIL. Resolução n.1, de 15 de maio de 2006. **Diário Oficial da União**, Poder Legislativo, Brasília, 16 maio 2006. Disponível em: <http://portal.mec.gov.br/cne/arquivos/pdf/rcp01_06.pdf>. Acesso em: 30 abr. 2014.

Bibliografia comentada

CANDAU, V. M. F. Sociedade, cotidiano escolar e cultura(s): uma aproximação. **Educação & Sociedade**, ano XXIII, n. 79, ago. 2002.

O texto apresenta a problemática da educação multicultural hoje, do ponto de vista conceitual e prático. Nesse contexto, situa e define a perspectiva da educação intercultural. Apresenta uma visão de conjunto da linha de pesquisa que a autora vem desenvolvendo no Departamento de Educação da PUC-Rio, a qual tem por preocupação central analisar as relações entre cultura(s) e educação na sociedade brasileira.

DAMATTA, R. **Carnavais, malandros e heróis:** para uma sociologia de dilema brasileiro. Rio de Janeiro: Zahar, 1981.

O livro retrata as desigualdades sociais no Brasil e apresenta o Carnaval e outras festividades, transformando-as em janelas privilegiadas para as interpretações do país. Tanto o Carnaval quanto seus malandros e heróis são criações sociais que refletem os problemas e dilemas básicos da sociedade que os concebeu. Mito e rito são, assim, dramatizações ou maneiras de chamar a atenção para certos aspectos da realidade social dissimulados pelas rotinas e complicações do cotidiano.

DAMATTA, R. **O que faz o Brasil, Brasil?** Rio de Janeiro: Rocco, 2001.

A obra apresenta e analisa manifestações culturais brasileiras, formadoras da nossa identidade como nação. Ao examinar acontecimentos como o Carnaval, o Dia da Pátria, as procissões religiosas, nossos hábitos alimentares, o futebol, a política e as artimanhas de seus representantes, a economia e o modo como as dificuldades são enfrentadas, o autor apresenta as várias faces de um país pluriétnico e multicultural.

LIMA, M. B. Identidade étnico-racial no Brasil: uma reflexão teórico-metodológica. **Revista Fórum Identidades**, ano 2, vol. 3, p. 33-46, jan./jun. 2008. Disponível em: <http://200.17.141.110/periodicos/revista_forum_identidades/revistas/ARQ_FORUM_IND_3/DOSSIE_FORUM_Pg_33_46.pdf>. Acesso em: 9 jun. 2014.

O artigo discute a pertinência de uso do conceito de *raça* e *etnia*, apresentando os pontos de vista dos adeptos da sua transmutação em *raça social* (Guimarães, 1999) e os que defendem o uso do conceito *etnia*, seja esta articulada à corrente culturalista, seja ligada à perspectiva histórico-político-social, fundamentada na ideia de território como elemento agregador de significado político. Analisa a afrodescendência como conjunto de referenciais sócio-históricos e culturais, que remetem às matrizes africanas.

MICHALISZYN, M. S. **Educação e diversidade**. Curitiba: Intersaberes, 2012.

A obra apresenta as teorias que sustentam a construção social da identidade, do imaginário social e da diversidade cultural, com o intuito de compreender os caminhos percorridos por diferentes grupos sociais para a construção das regras e dos valores sociais. Identidade e etnia são considerados elementos fundamentais para a compreensão da diversidade cultural nas sociedades em geral e na instituição escolar, em particular.

MICHALISZYN, M. S. **Fundamentos socioantropológicos da educação.** Curitiba: Intersaberes, 2012.

A obra apresenta os subsídios teóricos e as dimensões sociológicas e antropológicas que explicam o processo educativo, assim como o papel das instituições e dos movimentos sociais na construção da sociedade. À luz das teorias sociológicas, busca a compreensão da escola como instituição social e o processo educativo como fato e ação social. Para tanto, o autor indica que a cultura e a diversidade, bem como a pluralidade cultural, são elementos constitutivos das sociedades humanas e, portanto, indispensáveis para se compreender os processos educativos.

RIBEIRO, D. **O povo brasileiro**: a formação e o sentido de Brasil. 2. ed. São Paulo: Companhia das Letras, 1995.

Pautando-se em sua experiência de vida, Darcy Ribeiro apresenta as matrizes culturais básicas e os mecanismos de formação étnica e cultural que formam o povo brasileiro. Para o autor, o Brasil é constituído de cinco identidades distintas, a saber: o Brasil sertanejo, o Brasil crioulo, o Brasil caboclo, o Brasil caipira e o Brasil sulino. Ao descrever o descobrimento e a colonização, o autor comenta que a história oficial brasileira foi construída com base no ponto de vista do invasor que relata façanhas e atitudes em relação aos índios e negros. A estes, por sua vez, foi negado o direito de registro de suas próprias falas.

Referências

ABBAGNANO, N. **Dicionário de filosofia**. 2. ed. São Paulo: Mestre Jou, 1982.

ALVES, C. O navio negreiro. 1869. In: ALVES, C. **Os escravos**. São Paulo: L&PM, 1997. p. 60-69.

ARANHA, M. L. A. de.; MARTINS, M. H. P. **Filosofando**: introdução à filosofia. 2. ed. São Paulo: Moderna, 1998.

AZEVEDO, T. de. **Uma nova negritude no Brasil?** Cultura, Brasília, v. 6, n. 23, p. 118-128, out./dez. 1976.

BARREIROS, D.; MORGADO, V. **Multiculturalismo e o campo do currículo no Brasil**: um estudo sobre a multieducação. Rio de Janeiro: DP&A, 2002.

BAUMAN, Z. **Identidade**. Tradução de Carlos Alberto Medeiros. Rio de Janeiro: J. Zahar, 2005.

BERGER, P. L. **Perspectivas sociológicas**: uma visão humanística. Petrópolis: Vozes, 1986.

BETTO, F. Pós-modernidade e novos paradigmas. **Reflexão**, São Paulo, ano 1, n. 3, nov. 2000. Disponível em: <http://www1.ethos.org.br/EthosWeb/arquivo/0-A-891reflexao%2003.pdf>. Acesso em: 10 jul. 2014.

BETTO, F. **Projeto revoluções**. Disponível em: <http://revolucoes.org.br/v1/sites/default/files/alteridade.pdf>. Acesso em: 30 abr. 2014.

BOFF, L. **A águia e a galinha**: uma metáfora da condição humana. Petrópolis: Vozes, 1997.

BRANDÃO, C. R. **Identidade e etnia**: construção da pessoa e resistência cultural. São Paulo: Brasiliense, 1986.

BRASIL. Lei n. 10.639, de 9 de janeiro de 2003. **Diário Oficial da União**, Poder Legislativo, Brasília, 10 jan. 2003. Disponível em: <http://www.planalto.gov.br/ccivil_03/Leis/2003/L10.639.htm#art1>. Acesso em: 30 abr. 2014.

BRASIL. Ministério da Educação. Conselho Nacional de Educação. Parecer n. 5, de 13 de dezembro de 2005. Relatoras: Clélia Brandão Alvarenga Craveiro e Petronilha Beatriz Gonçalves e Silva. **Diário Oficial da União**, Brasília, 15 maio 2006. Disponível em: <portal.mec.gov.br/cne/arquivos/pdf/pcp05_05.pdf>. Acesso em: 28 abr. 2006.

BRASIL. Ministério da Educação. Secretaria de Educação fundamental. **Parâmetros Curriculares Nacionais**: Pluralidade Cultural, Orientação Sexual. Brasília, 1997. Disponível em: <portal.mec.gov.br/seb/arquivos/pdf/livro101.pdf>. Acesso em: 23 ago. 2014.

CANDAU, V. M. F. Sociedade, cotidiano escolar e cultura(s): uma aproximação. **Educação & Sociedade**, Campinas, v. 23, n. 79, p. 125--161, ago. 2002. Disponível em: <http://dx.doi.org/10.1590/S0101-73302002000300008>. Acesso em: 4 maio 2014.

CANDAU, V. M. F. **Somos tod@s iguais?** Escola, discriminação e educação em direitos humanos. Rio de Janeiro: DP&A, 2003.

CAPORALE, E. et al. **A neotenia na evolução humana**. Porto Alegre: Ed. da UFRGS, 2003.

CAPRA, F. **A teia da vida**: uma nova compreensão científica dos sistemas vivos. São Paulo: Cultrix, 1997.

CASHMORE, E. **Dicionário de relações étnicas e raciais**. São Paulo: Selo Negro, 2000.

CASTRO, C. A. P. **Sociologia geral**. São Paulo: Atlas, 2000.

CHARON, J. **Sociologia**. São Paulo: Saraiva, 1999.

CONRAD, E. **Tumbeiros, o tráfico escravista para o Brasil**. São Paulo: Brasiliense, 1985.

CORDEIRO, T. T. **Entre cientista e político**: o caso de Houston Stewart Chamberlain. In: C. A. B.; MOLLO, H. M.; BUARQUE, V. A. de C. (Org). Caderno de resumos & Anais do 5. Seminário Nacional de História da Historiografia: biografia & história intelectual. Ouro Preto: EdUFOP, 2011.

CRIOULO fugido: desde o dia 18 de outubro de 1854, de nome Fortunato: RS 50U000 de Alviçaras. Rio de Janeiro, RJ: Typ. Universal de Laemmert, 1854. 1 cartaz: imp. tip., p&b;, 32,8 × 23,9cm. Disponível em: http://objdigital.bn.br/objdigital2/acervo_digital/div_iconografia/icon242012/icon242012.jpg. Acesso em: 4 Oct. 2023. Disponível em: http://objdigital.bn.br/objdigital2/acervo_digital/div_iconografia/icon242012/icon242012.html. Acesso em: 4 Oct. 2023.

CUCHE, D. **A noção de cultura nas ciências sociais**. Bauru: Edusc, 1999.

DAYRELL, J. **Múltiplos olhares sobre educação e cultura**. Belo Horizonte: Ed. daUFMG, 1996.

DIAS, G. I-Juca-Pirama. 1851. **Fundação Biblioteca Nacional**. 2014. Disponível em: <http://objdigital.bn.br/Acervo_Digital/livros_eletronicos/jucapirama.pdf>. Acesso em: 9 jun. 2014.

DIAS, R. **Introdução à sociologia**. São Paulo: Pearson Prentice Hall, 2005.

DOMINGOS, T. R. E.; GONZÁLEZ, L. J. F. **Cadernos de Antropologia da Educação**: Linguagem, Sociedade, Cultura e Educação. 5. ed. Petrópolis: Vozes, 2005.

ELIAS, N. **A sociedade dos indivíduos**. Rio de Janeiro: Zahar, 1994.

FREIRE, P. **Extensão ou comunicação?** Rio de Janeiro: Paz e Terra, 1977. p. 66.

FREIRE, P. **Pedagogia da autonomia**: saberes necessários à prática educativa. 4. ed. São Paulo: Paz e Terra, 1997.

FONSECA, G. A.; MARTINO, V. F.; SILVA, A. C. Relações étnico-raciais na escola: reflexões sobre a lei 10.639/03. **Camine**, Franca, v. 1, n. 1, 2009. Disponível em: <http://periodicos.franca.unesp.br/index.php/caminhos/article/view/40/57>. Acesso em: 5 jun. 2014.

GARCIA, A.; LOBO, R. A. **Currículos oficiais e currículos praticados**: a diversidade vai à escola? Rio de Janeiro: DP&A, 2002.

GEERTZ, C. **A interpretação das culturas**. São Paulo: LTC, 1989.

GOMES, N. L. Cultura negra e educação. **Revista Brasileira de Educação**, n. 23, p. 75-85, maio/jun./jul./ago. 2003. Disponível em: <www.scielo.br/pdf/rbedu/n23/n23a05.pdf>. Acesso em: 30 abr. 2014.

GOMES, N. L. Limites e possibilidades da implementação da lei 10.639/03 no contexto das políticas públicas em educação. In: PAULA, M. de; HERINGER, R. **Caminhos convergentes**: Estado e sociedade na superação das desigualdades raciais no Brasil. Rio de Janeiro: Fundação Heinrich Böll, ActionAid Brasil, 2009.

GELEDÉS – Instituto da Mulher Negra. **Cotas**: perguntas e respostas. Disponível em: <http://arquivo.geledes.org.br/areas-de-atuacao/educacao/cotas-para-negros/671-cotas-perguntas-e-respostas>. Acesso em: 20 jun. 2014.

GELEDÉS – Instituto da Mulher Negra. **Limites e possibilidades da implementação da lei 10.639/03 no contexto das políticas públicas em educação**. Rio de Janeiro: Fundação Heinrich Boll; ActionAid, 2009.

GONÇALVES, L. R. D. Cultura, educação e lei 10.639/03: discussões, tendências e desafios. **Horizontes**, v. 30, n. 1, p. 17-23, jan./jun. 2012.

GUERREIRO, S. **Antropos e psique**: o outro e sua subjetividade. São Paulo: Olho D'água, 2001.

HELMAN, C. **Cultura, saúde e doença**. 4. ed. Porto Alegre: Artmed, 2003.

HESSE, H. Demian. 1925. **Biblioteca PUC Campinas**. Disponível em: <http://bibliotecadigital.puc-campinas.edu.br/services/e-books/Herman%20Hesse-1.pdf>. Acesso em: 9 jun. 2014.

HOUAISS, A.; VILLAR, M. de S.; FRANCO, F. M. de M. **Dicionário Houaiss da Língua Portuguesa**. Rio de Janeiro: Instituto Antônio Houaiss; Objetiva, 2001.

IBGE – Instituto Brasileiro de Geografia e Estatística. **Censo Demográfico 2010**. Disponível em: <censo2010.ibge.gov.br>. Acesso em: 22 set. 2014.

IHU – Instituto Humanistas Unisinos. **Viva a simbiose de culturas**. 9 fev. 2012. Disponível em: <http://www.ihu.unisinos.br/noticias/506369-vivaasimbiose-deculturas>. Acesso em: 11 set. 2014.

ISA – INSTITUTO SOCIOAMBIENTAL. **Povos indígenas no Brasil**: Troncos e famílias. [201-]. Disponível em: <http://pib.socioambiental.org/pt/c/no-brasil-atual/linguas/troncos-e-familias>. Acesso em: 22 set. 2014.

KEMP, K. **Identidade cultural**. São Paulo: Olho D'água, 2001.

KROEBER. O superorgânico. In: PIERSON, D. (org.). **Estudos de Ecologia Humana**: Leituras de Sociologia e Antropologia Social. São Paulo: Livraria Martins, 1948. p. 231-281.

LAGO, B. M. **Curso de sociologia e política**. Petrópolis: Vozes, 1996.

LARAIA, R. B. de. **Cultura**: um conceito antropológico. 4. ed. Rio de Janeiro: J. Zahar, 2002.

LIMA, M. B. Identidade étnico/racial no Brasil: uma reflexão teórico-metodológica. **Revista Fórum Identidades**, v. 3, n. 2, p. 33-46, jan./jun. 2008.

MELATTI, J. C. **Índios do Brasil**. São Paulo: Hucitec, 1987.

MENESES, P. Etnocentrismo e relativismo cultural: algumas reflexões. **Revista Symposium**, Recife, v. 3, p. 1-11, dez. 1999.

MICHALISZYN, M. S. **O caleidoscópio e a rede**: estratégias e práticas de prevenção à Aids e ao uso indevido de drogas. Tese (Doutorado em Ciências Sociais) – Pontifícia Universidade Católica de São Paulo, São Paulo, 1999.

MICHALISZYN, M. S.; TOMASINI, R. **Pesquisa**: orientações e normas para elaboração de projetos, monografias e artigos científicos. 3. ed. Petrópolis: Vozes, 2006.

MINAYO, M. C. S. **Pesquisa social**: teoria, método e criatividade. Petrópolis: Vozes, 1995.

MORITZ, L.; PEREIRA, J. B. B. (Org.). **Raça e diversidade**. São Paulo: Edusp, 1996.

NOVA HISTÓRIA NET. **Anúncio da fuga do escravo Fortunato**. Rio de Janeiro, 18 out. 1854. Disponível em: <http://novahistorianet.blogspot.com.br/2009/01/escravido-e-resistncia-no-brasil.html>. Acesso em: 10 jul. 2014.

NOVA HISTÓRIA NET. **Da diversidade nós gostamos, já que toda unanimidade é burra**. Rio de Janeiro: DP&A, 2002a.

OLIVEIRA, M. B. **Da ciência cognitiva à dialética**. São Paulo: Discurso Editorial, 1999.

OLIVEIRA, I. B. **Aprendizagens culturais cotidianas, cidadania e educação**. Rio de Janeiro: DP&A, 2002.

OLIVEIRA, I. B.; SGARBI, P. **Redes culturais**: diversidade e educação. Rio de Janeiro: DP&A, 2002b.

OUTHWAITE, W.; BOTTOMORE, T. **Dicionário do pensamento social do século XX**. Rio de Janeiro: J. Zahar, 1996.

PASSADOR, L. H. **A noção de regra**: princípio da cultura, possibilidade de humanidade. São Paulo: Olho D'água, 2001.

PAULA, M. de; HERINGER, R. **Caminhos convergentes**: estado e sociedade na superação das desigualdades raciais no Brasil. Rio de Janeiro: Fundação Heinrich Böll; ActionAid Brasil, 2009.

PITORESCO. Cenário e personagens de um grande drama. **Onde ficava o Quilombo dos Palmares**. Disponível em: <http://www.pitoresco.com/historia/rocha06b.htm>. Acesso em: 10 jul. 2014.

POIRIER, J. **História da etnologia**. São Paulo: Cultrix; Edusp, 1981.

POVOS INDÍGENAS DO BRASIL. **Troncos e famílias**. Disponível em: <http://pib.socioambiental.org/pt/c/no-brasil-atual/linguas/troncos-e-familias>. Acesso em: 26 set. 2014.

QUINTANEIRO, T. Émile Durkheim. In: QUINTANEIRO, T.; BARBOSA, M. L. de O.; OLIVEIRA, M. G. M. de. **Um Toque de Clássicos**. 2. ed. rev. e amp. Belo Horizonte: UFMG, 2002. p. 67-105. (Aprender).

RIBEIRO, D. **O povo brasileiro**: a formação e o sentido do Brasil. 2. ed. São Paulo: Companhia das Letras, 1995.

RIBEIRO, M. A. **Consciência e cultura ecológica**. Disponível em: <http://www.ecologizar.com.br/docs/02_Consciencia_e_cultura_ecologica.pdf>. Acesso em: 11 dez. 2013.

ROCHA, E. **O que é etnocentrismo**. São Paulo: Brasiliense, 1988.

RODRIGUES, A. D. **Línguas brasileiras**: para o conhecimento das línguas indígenas. São Paulo, Edições Loyola, 1986, 134 p.

ROSA, S. S. da. **Brincar, conhecer, ensinar**. São Paulo: Cortez, 1998.

ROSA, S. S. da. **Construtivismo e mudança**. São Paulo: Cortez, 1998.

SANTOS, B. S. **O fim das descobertas imperiais**. Rio de Janeiro: DP&A, 2002.

SANTOS, S. M. P. dos. **O lúdico na formação do educador**. Petrópolis: Vozes, 1997.

SCHWARCZ, L. M. **Nem preto nem branco, muito pelo contrário**: cor e raça na intimidade. São Paulo: Companhia das Letras, 1998.

SILVA, P. B. G. Aprendizagem e ensino das africanidades brasileiras. In: MUNANGA, K. (Org.). **Superando o racismo na escola**. Brasília: MEC, 2005.

SILVA, T. **A produção social da identidade e da diferença.** Disponível em: < http://diversidade.pr5.ufrj.br/images/banco/textos/SILVA_-_Identidade_e_Diferen%C3%A7a.pdf>. Acesso em: 11 dez. 2013.

STRONG, J. **Dicionário bíblico Strong**: léxico hebraico, aramaico e grego de Strong. Barueri, SP: Sociedade Bíblica do Brasil, 2002.

TAUNAY, A. d'E. **Subsídios para a história do tráfico africano no Brasil.** São Paulo: Imesp, 1941.

UNESCO – Organização das Nações Unidas para a Educação, a Ciência e a Cultura. **A criança descobrindo, interpretando e agindo sobre o mundo.** Brasília, 2005. Disponível em: <unesdoc.unesco.org/images/0013/001384/138429por.pdf>. Acesso em: 2 maio 2014.

UNICEF – Fundo das Nações Unidas para a Infância. **O impacto do racismo na infância.** Brasília, 2010. Disponível em: <http://www.unicef.org/brazil/pt/br_folderraci.pdf>. Acesso em: 5 jun. 2014.

VELOSO, C. Podres poderes. Intérprete: Caetano Veloso. In: VELOSO, C. **Velô.** Rio de Janeiro: Philips, 1984. Lado A, Faixa 1.

Respostas

CAPÍTULO 1
Atividades de Autoavaliação
1. c
2. c
3. d
4. c
5. b

CAPÍTULO 2
Atividades de Autoavaliação
1. F, V, F, V, V.
2. a
3. a
4. a
5. a

CAPÍTULO 3
Atividades de Autoavaliação
1. c
2. a
3. d
4. b
5. c

CAPÍTULO 4
Atividades de Autoavaliação
1. F, V, V, F.
2. c
3. a
4. b
5. c

Sobre o autor

Mario Sergio Michaliszyn tem graduação em Ciências Sociais e bacharelado em Sociologia pela Pontifícia Universidade Católica do Paraná (PUCPR), quando desenvolveu pesquisa e monografia sobre o livro didático e a realidade das escolas da Cidade Industrial de Curitiba. Concluiu o mestrado em Ciências Sociais (Antropologia) na Pontifícia Universidade Católica de São Paulo (PUC-SP), com dissertação intitulada *E o verbo se fez carne: a trajetória histórica e as práticas indigenistas na Operação Anchieta – OPAN*. Obteve o título de doutor em Ciências Sociais (Antropologia), também pela PUC-SP, com a tese *O calidoscópio e a rede: estratégias e práticas de prevenção ao uso indevido de drogas e Aids entre crianças e adolescentes*. Dentre as atividades profissionais desenvolvidas, destaca-se sua participação como funcionário da Secretaria Estadual de Saúde do Paraná, atuando no campo da pesquisa e como instrutor em capacitações pedagógicas para instrutores (enfermeiros e odontólogos) no projeto Capacitação de Pessoal de Nível Médio e Elementar em Larga Escala, promovido pela Organização Pan-Americana de Saúde (Opas) e pelo Ministério da Saúde, tendo também assessorado, nesse projeto, as secretarias de saúde do Estado de Goiás e dos municípios de Curitiba (PR), Joinvile e Blumenau (SC). Foi membro da coordenação do Programa Estadual de DST/Aids, da Secretaria de Estado da Saúde do Paraná, e coordenador estadual do projeto Prevenção ao Uso Indevido de Drogas entre Crianças e Adolescentes em Escolas do Paraná (1995-98). De 1992 a 1994, implantou e coordenou o Núcleo de Convivência de Guaraqueçaba, da Sociedade de Proteção à Vida Selvagem e Educação Ambiental (SPVS). Atua como docente no ensino superior (graduação e pós-graduação); atualmente é professor titular da Universidade Positivo (UP). Desde 2014 trabalha com as Comunidades Remanescentes Quilombolas da Lapa, desenvolvendo projetos e orientando dissertações de mestrado e teses de doutorado sobre a realidade dessas comunidades.

Impressão:
Outubro/2014